L'ART DE MAGNÉTISER

L'Art de Magnétiser

par

L.-F. Lafontaine

de la Couronne

Propriété de l'auteur

—

1905

AUXERRE

IMPRIMERIE ALBERT LANIER. — 43, RUE DE PARIS

—

1905

Madame MYRALDA

Sujet de M. de Lafontaine

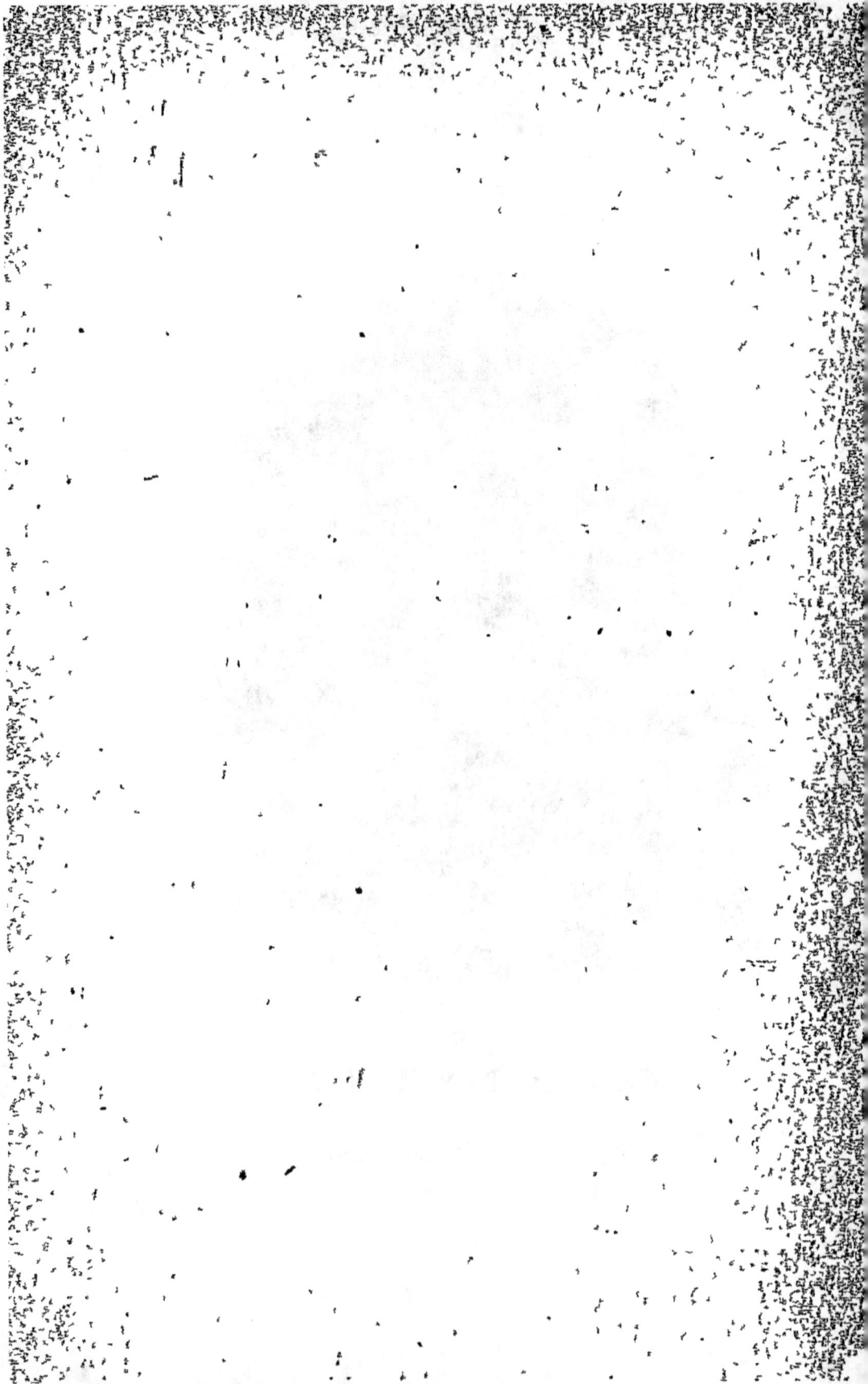

L'ART DE MAGNÉTISER

Considérations générales sur l'hypnotisme

Le magnétisme est-il une science exacte ?

Oui, à la condition que nous ferons de cette science une véritable science, c'est-à-dire un ensemble de connaissances, de faits, d'observations sagement étudiés.

L'esprit éminemment intuitif du Français, sa facilité merveilleuse à s'assimiler de façon homogène les choses auxquelles il n'a pourtant que superficiellement touché, le pousse à vouloir tout savoir sans rien apprendre, et, par procédé inverse du même mouvement d'esprit, à nier tout ce qu'il ne veut pas étudier.

Ce défaut, dû à sa vivacité cérébrale, à sa promptitude intellectuelle, le porte naturellement à la négation par l'ironie.

Tandis que l'Anglais et l'Allemand repoussent le fait qui leur semble niable avec l'argument de la déduction, le Français le tue d'un sourire, s'il est bien élevé, d'un sarcasme s'il ne l'est pas.

Il a quelque crainte du merveilleux et peu de penchant pour la méthode expérimentale qui demande

plus de persévérance, d'attention qu'il n'est généralement susceptible d'en donner.

En ce qui concerne l'hypnotisme, cependant, les
railleurs quoique nombreux, n'ont pas toujours l'avantage de la « qualité ». Ceux qui ont cru en cette science,
se sont rangés à l'avis de sommités médicales que
l'amplitude de leur cerveau désigne certainement au
respect des siècles. (Platon, Aristote, Gallien, Albert
le Grand, etc...).

Ceux-là ont cru à l'hypnotisme ; nous avons fait
comme eux, et n'éprouvons aucun scrupule à le dire.
— Nous y avons pressenti une des mille façons dont
la nature nous révèle sa marche et nous nous sommes
plu à chercher la part de vérité dans cette science si
profondément tombée dans l'oubli, devant la prophé-
tique et savante résurrection qu'en firent, il y a quelque
cent ans, Mesmer, le marquis de Puységur, Braid et
tant d'autres.

Il faut faire intentionnellement la part du feu et
rendre, en beau joueur, des points d'avance à mes
adversaires ; je déclare par conséquent que l'hypothèse
scientifique n'appuie mon savoir hypnotique, d'aucune
façon, et que les seuls témoignages de l'existence
occulte de l'hypnotisme sont les faits acquis.

Si tous les architectes des systèmes philosophiques,
des thèses scientifiques, littéraires ou artistiques
étaient aussi francs que moi, on arriverait à compter
avec le seul secours de ses dix doigts les vérités
scientifiquement prouvées, *rationnellement* expliquées.

Personne pourtant ne niera la circulation du sang,
la localisation de nos divers mouvements dans le
cerveau.

L'explique-t-on ? on se contente d'en décrire le mécanisme et de constater que différents phénomènes existent.

Ceux qui s'attachent à statuer sur les causes initiales éprouvent le sort commun à tout chercheur de spéculatif : à peine leur système est-il échafaudé qu'un autre naît qui le renverse.

Il faut donc se contenter, même et surtout en connaissances scientifiques, des faits observés.

Nous savons que la cellule cérébrale pense, que la fibre musculaire se contracte, que dans le bulbe se trouvent les centres de la circulation et de la respiration, que la peau, les muqueuses sont sensibles, que les nerfs conduisent l'impression sensitive de la périphérie et que ce va-et-vient, cet échange perpétuel, constituent et entretiennent la vie. Mais la vie elle-même, qu'est-elle ? quel est son principe ? nous l'ignorons.

La variole peut tuer l'homme ou le défigurer ; le vaccin qui n'est que la variole modifiée préserve l'homme de ce mal. Certaines maladies infectieuses ne se répètent pas sur l'être humain ; une première atteinte le met à l'abri d'une seconde. Pourquoi ces maladies sont-elles le privilège exclusif de l'homme et ne peuvent-elles être inoculées à aucun autre animal ? La rage du chien nous tue ; la rage expérimentale du lapin nous sauve de la rage que le chien nous a donnée ; quelques gouttes de belladone foudroient un homme ; cette même dose doublée ou triplée ne fait rien à un lapin. Expliquez-moi tout cela !

Si nous avons à défendre cette pauvre vie humaine contre les invasions morbides, nous employons des médicaments dont l'effet est héroïque et sûr comme celui de la quinine qui coupe la fièvre, du mercure qui épure le sang, de l'opium qui fait dormir ; seulement nous ne savons pas comment ces médicaments opèrent ! nous savons qu'ils guérissent et voilà tout !

Du fonctionnement le plus intime, le plus vulgaire de notre être, nous ne connaissons rien quant à la cause.

Nous fonctionnons tout de même, car une partie seulement dont se compose la vie sont justiciables de notre volonté. Nous digérons, nous dormons, nous pensons sachant seulement que le phénomène de la digestion est dévolu à l'estomac et à l'intestin, que celui du sommeil dépend des nerfs, que celui de la pensée a son siège au cerveau.

Mais dirons-nous par quelles causes ces organes se mettent en jeu pour accomplir la digestion, provoquer le sommeil, faire naître la pensée ?

Si, de l'ordre physique, nous passons à l'ordre moral, je me rappelle parfaitement les moindres incidents de ma vie ; je sais par cœur des vers que j'ai appris il y a plus de vingt ans ; je connais une vieille bonne femme de 95 ans qui ne se rappelle pas les choses qui viennent de se passer il y a une heure, mais elle vous récitera les fables de mon grand-parent La Fontaine, qu'elle a apprises à l'école à dix ans. Comment s'opère ce miracle de la mémoire ? je l'ignore. Il y a des gens qui ont des remords. ils ne sont pas nombreux, mais enfin il y en a. D'où viennent les remords ? de la conscience. Où siège la conscience ? cherchez.

Etes-vous sûr que Dieu a parlé à Abraham, que Moïse l'a vu en face sur le Mont Sinaï et a reçu de lui les Tables de la Loi ? que Jésus est son fils sans l'intervention d'aucun homme, qu'il est revenu de la mort pour passer encore quarante jours sur la terre ? où sont les preuves ?

Certains hommes sincères nous ont dit que cela était ainsi, et de ces choses irrationnelles et anormales, ceux qui croyaient ont fait des dogmes au nom desquels l'humanité supérieure se passionne, lutte, souffre, espère, affirme.

Il y a des gens qui se sont fait arracher les entrailles, brûler, livrer aux bêtes, pour prouver cette vérité que rien ne prouve. Il y en a d'autres qui ont tué leurs semblables par milliers pour la même démonstration. L'empirisme nous domine de tous côtés. Il nous saisit au moment même où nous sommes venus au monde, sans que ceux qui nous y mettent sachent, ni tout de suite ni plus tard, comment et surtout pourquoi ils nous y ont mis, et cet empirisme ne nous abandonne même pas à la mort puisque les uns nous promettent l'immortalité de l'âme, tandis que les autres ne nous garantissent que le néant et que, ni ceux-ci ni ceux-là n'apportent une seule preuve tangible, un seul argument scientifique à l'appui de leur dire. Par conséquent, si vous n'avez à reprocher à l'hypnotisme que de ne pas être explicable, il peut vous répondre qu'il a cela de commun avec nombre de choses dont notre corps et notre âme font tous les jours leur profit physique et moral.

Ne soyons pas si absolus dans nos affirmations, devant les phénomènes mystérieux dans leurs causes, puisqu'ils sont évidents par leurs résultats.

Observons-les, classons-les, utilisons-les, en attendant que nous puissions les expliquer.

Ceci posé, tout en reconnaissant que l'hypnotisme ne peut pas faire toutes ses preuves, mathématique-

n'avaient pas été pratiqués par leurs auteurs. Il n'est pas admissible que l'on puisse enseigner convenablement ce que l'on n'a pas pratiqué. Des spéculateurs, sous les noms de société, d'union, d'écho, *d'institut* font grand tapage par leurs réclames. Je ne saurais les blâmer de vouloir faire connaître au public ce qui est dans l'intérêt général et individuel. Mais il est regrettable que ce ne soit pas de véritables praticiens donnant conséquemment un bon enseignement, qui prennent le devant à la place de ces charlatans.

En résumé on peut apprendre à magnétiser en fort peu de temps; certains élèves, du premier jour, obtiennent un petit succès et en quelques jours en savent assez pour opérer d'une manière sûre et intelligente.

LE MAGNÉTISME PERSONNEL

Avez-vous jamais entendu un discours dont chaque parole vous ai fait frissonner? C'est le magnétisme personnel.

Le magnétisme est la clef de toutes les influences secrètes; il fait les hommes et les défait; il contrôle les destinées des nations et régularise les limites des empires.

Le magnétisme personnel conduit les hommes là où les autres n'osent s'aventurer.

L'être humain vraiment magnétique réussit toujours. Malheureusement le magnétisme personnel n'est pas toujours employé honnêtement; certains chevaliers d'industrie trompent leurs victimes par le magnétisme personnel; des personnes ont été obligées de signer des papiers contre leur propre volonté; car l'opérateur commande toutes les facultés de son sujet, les domine, les dirige dans tous les sens ; le sujet, dans certains états, est inconscient de tout ce qui arrive, il est incapable de résister aux ordres *verbaux* de l'opérateur. Le magnétisme est la force mystérieuse intangible qui élève l'homme au dessus d'un autre, et alors que le sujet, à l'état de veille, croit agir selon sa propre initiative, il est en réalité soumis aux suggestions de l'opérateur, sans être conscient de nulle domination. — Dans les cas de sommeil profond, l'esprit du sujet est absolument capté ; celui-ci ne se souvient de rien à son réveil, ni de ce qui a été dit, ni de ce qui a été fait ; toutes sortes d'illusions et d'hallucinations peuvent lui être suggérées, aussi bien lui persuader qu'il est orateur, guerrier, prédicateur, ou voyageur sur des terres étrangères.

La suggestion est la base de l'hypnotisme, de l'influence personnelle. — L'hypnotisme est puissant dans ces effets, personne n'est allé au fond de sa découverte, personne n'a mesuré sa puissance.

Plantez une suggestion dans le cerveau d'un homme, ni le temps ni les situations sociales ne peuvent la déraciner ; son influence produira son effet longtemps après la disparition de l'auteur ; la suggestion silencieuse ou exprimée est la puissance qui crée des opinions ; c'est la force qui donne une direction aux pensées publiques.

L'HYPNOTISME DANS LES MALADIES

La science médicale a fini par pénétrer les forces subtiles de la nature, découvrir leurs possibilités et marquer leurs limites. Elle nous a révélé la cause réelle de la maladie et trouvé la méthode rationnelle de sa cure ; elle a arraché du chaos intellectuel et des

mystères des âges l'agent curatif connu maintenant
de l'humanité. — L'hypnotisme est venu en aide au
malade dans les affections chroniques ou aiguës, il a
toujours apporté un soulagement appréciable, fortifiant
et donnant l'énergie à des personnes d'âge avancé;
c'est le traitement positif de tous les désordres nerveux,
comme la névralgie, les maux de tête, l'hystérie,
l'insomnie, la paralysie, etc... — il peut être appliqué
avantageusement dans le traitement du rhumatisme,
dans la maladie de Bright, dans la danse de Saint-Gui;
c'est le traitement idéal des désordres chez les deux
sexes; dans ces deux cas, il est le restaurateur quoti-
dien de la santé; il est l'espoir de grand nombre de
personnes abandonnées par les écoles des thérapeutiques.

Les habitudes de fumer, de boire, de mastiquer
l'opium ou la cocaïne ont été bannies par le traitement
hypnotique comme par enchantement, on parvient à
corriger un caractère, fortifier une volonté ou améliorer la mémoire; il détruit le penchant au mensonge,
au vol, aux paroles légères ou ordurières, à la
manière du jeu; il dissipe la tendance à la timidité, à
la rougeur subite; la crainte de la tempête ou du
tonnerre voire même de la mort. — Nombre de médecins habiles font usage de suggestions hypnotiques
dans le traitement de certains de leurs malades, et
beaucoup de ceux-ci qui mettent toute leur confiance
dans la grande capacité du docteur qui les traite, l'aide
à leur guérison par une sorte d'*auto-suggestion*.

Toutes les relations qui existent entre le cerveau et
le corps sont entièrement liées, ce qui fait que le
cerveau couvre le corps d'un pouvoir suprême d'influence, il le domine à tel point qu'il est impossible que

le corps ne s'en ressente. — Ce pouvoir est établi d'une façon indiscutable par l'hypnotisme.

Hypnotisez un sujet et suggérez-lui que toutes sensations douloureuses ont quitté certaines parties du corps dont il souffre ; les nerfs sensitifs perdant leur énergie, ne fonctionneront plus et vous pourrez alors enfoncer une épingle *en argent* dans les tissus les plus sensibles, sans que le patient fasse la moindre contraction. — Vous pouvez le brûler, le pincer, sans qu'il ressente la moindre douleur, et quoique extraordinaire, incroyable même, ceci existe pourtant. — Dans certaines opérations chirurgicales, l'hypnotisme peut remplacer avantageusement le dangereux chloroforme, les jambes peuvent être amputées, des abcès ouverts, des balles extraites, l'hypnotisme anesthésiant complètement la partie malade ; l'expérience a démontré que, dans certains cas, le chloroforme a occasionné la mort de personnes soumises à ses effets. Ceci ne peut arriver avec l'hypnotisme dont l'opérateur a le contrôle absolu sur les effets nerveux qui en résultent.

L'hypnotisme est l'anesthésie naturelle pour calmer les souffrances et les douleurs ; — il est inoffensif. peut être employé avec tout autre agent curatif, il n'entrave aucun autre traitement, il reste positif dans son action, toujours puissant dans ses effets.

Le docteur G.-S. Lincoln, de Philadelphie a écrit dans l'une de ses brochures : « Je suis persuadé que « le moment arrivera bientôt où les médecins place- « ront leur confiance, plus dans la suggestion hypno- « tique, que dans la médecine ».

Il est certain que le créateur de l'univers, nous a favorisé d'une force magique qui fait et défait les habitudes, qui les gouverne d'une façon souveraine, que l'hypnotisme détruit les mauvaises habitudes, qu'il n'en est aucune, si petite qu'elle soit qui lui résiste.

Le professeur Jonn D. Quackenbos, de l'université de Colombie (New-York) a écrit dans un journal américain, sur la valeur de l'éducation par la suggestion *verbale*; il a dit, en substance : que le cerveau n'est autre chose qu'une possibilité hypnotique ; une suggestion est une inspiration. — Le sujet, non seulement partage la connaissance latente, mais il emprunte le ton mental de l'opérateur; sa mémoire est naturellement impressionnée, de sorte qu'il s'approprie rapidement les principes d'une science, d'une langue, de musique ou d'art quelconque, qu'il les retient d'une manière permanente, s'il a été impressionné par le magnétisme au moment du sommeil profond, inconscient ; ce qui semblerait prouver que nous avons en nous, un principe immatériel entièrement indépendant des sens et des organes.

Les expériences du professeur Quackenbos (ci-dessus mentionné) embrassent des cas d'enfants déséquilibrés chez lesquels il est parvenu à produire des goûts développés pour la musique; il ne nous dit pas, à la vérité, s'ils sont parvenus au talent dans l'art musical.

« L'hypnotisme, dit ce praticien, est le traitement « philosophique des enfants d'une nature stupide, d'un « esprit paresseux, qui sont nés sans cette volonté « naturelle qui permet de concentrer leurs pensées et « leur attention... »; il cite le cas d'un enfant de 14 ans, dont le caractère lui donnait tendance à tout détruire, qui désobéissait constamment, en défiant toute autorité; le praticien rapporte qu'il le traita et atteignit en fort peu de temps le résultat désiré sous le rapport de ses facultés mentales et morales.

Extrait du compte rendu des séances qui eurent lieu à Paris en 1889, lors de la réunion de savants psychologues qui échangèrent leurs vues sur des questions de grand intérêt et notamment sur la psycho-physiologie. (Ce congrès eut lieu grâce à l'initiative du savant docteur Richet).

Discours du Docteur Dumontpallier, à l'ouverture de la séance

MESSIEURS,

Il serait inutile de tracer devant vous l'historique de l'hypnose expérimentale; je désire seulement appeler votre attention sur des faits rarement expliqués et qui, à mon sens, ont eu une grande part dans l'origine et le développement des études récentes sur l'hypnotisme.

A Paris, l'Ecole de la Salpétrière a grandement contribué à établir les bases de l'hypnotisme expérimental et l'autorité du chef de cette Ecole, docteur Charcot, a ouvert la voie aux chercheurs indépendants.

A l'hôpital de la Pitié, dès 1881, je poursuivais, avec le concours de deux de mes élèves, les docteurs Magnin et Bérillon, l'étude des agents physiques sur les hystériques hypnotisables. Je n'insisterai pas sur des faits qui sont connus de beaucoup d'entre vous; mais vous me permettrez de vous dire dans quelles conditions on fut conduit, à Paris, à entreprendre les expériences qui ne tardèrent pas à avoir un certain retentissement dans le monde savant.

C'était en 1876; un homme qui croyait sa fin prochaîne écrivit à notre grand physiologiste, Claude Bernard, qu'il désirait, avant de mourir, savoir si, pendant un quart de siècle, il ne s'était pas fait illusion sur des faits qu'il croyait avoir bien observés.

Claude Bernard, président de la Société de Biologie, vit dans cette demande un sentiment honnête et il déféra à ce désir en nommant, parmi les membres de la Société de Biologie, une commission qui était invitée à vérifier les recherches métallothérapiques du docteur Burg. Les membres de la commission étaient MM. Charcot, Luys et Dumontpallier. Le rapporteur se mit assidûment à la besogne, et après une année de recherches expérimentales, faites sur des malades hystériques du service du docteur Charcot, la commission présenta deux rapports dont les conclusions étaient confirmation des idées du docteur Burg.

Ce fut pour nous une vraie satisfaction d'avoir pu rendre justice à un chercheur, dont le mérite avait été trop longtemps méconnu; de plus, la commission devait être amplement récompensée, car les expériences qu'elle avait entreprises l'avaient conduite à la découverte importante du *transfert de la sensibilité.* Ce transfert, nous l'avions déterminé par les applications métalliques et les courants électriques faibles. Plus tard, nous reconnaissions que toute excitation périphérique, faible et prolongée, pouvait déterminer le phénomène du transfert, et l'avenir nous réservait de constater que la suggestion pouvait nous fournir les mêmes résultats. Voici dans quelles conditions l'action des métaux sur les hystériques fut découverte par le docteur Burg :

Une jeune femme en état de *somnambulisme provoqué* venait de poser sa main sur un bouton de porte d'appartement et tombait en *catalepsie*; le bouton était en cuivre.

Quelle pouvait être l'action du métal sur le phéno-mène constaté ? Le lendemain, l'expérience est recom-mencée, mais l'état cataleptique ne se manifeste pas; on avait eu soin de garnir le bouton de cuivre d'une peau de gant. Telle fut l'origine de la découverte de la métalloscopie.

C'était donc le magnétisme qui avait révélé au doc-teur Burg l'action des métaux sur les hystériques hypnotisables; et, à vingt-cinq ans plus tard, c'étaient les recherches d'une commission sur la métalloscopie qui devaient conduire ses membres à étudier l'action de l'électricité, des électro-aimants, du fer aimanté et les différents procédés des magnétiseurs pour déter-miner le *somnambulisme*, la *catalepsie* et la *léthargie*.

On pourrait donc dire que Burg a été le promoteur, *inconscient peut-être*, de la renaissance de l'hypno-tisme.

Jusqu'ici nous avons vu les agents physiques déter-miner les différentes phases de l'hypnotisme : c'était la lumière, le son, la température, les vibrations de l'atmosphère, l'électricité, les aimants, qui étaient les modificateurs de la sensibilité. Bientôt (en 1881), le docteur Barety faisait intervenir l'action d'une force neurique rayonnante; c'était revenir à la théorie du *magnétisme animal*. Quoi qu'il en soit des théories physiques, l'expérimentation démontre que l'*expectant attention* et la suggestion n'ont rien à faire dans cer-taines conditions déterminantes de l'hypnotisation.

Vous savez, Messieurs, que M. le professeur Ber-nheim accorde à la *suggestion* une part presque exclu-sive dans tous les phénomènes de l'hypnotisme, et peut-être serait-il disposé à penser que ceux qui l'ont précédé dans l'étude de l'hypnotisme ont fait, de tout temps, de la suggestion sans le savoir. Certes, j'applaudis sans réserve au remarquable talent dont M. Bernheim a fait preuve pour soutenir la théorie de la suggestion; il eut été bien difficile de se montrer plus convaincu et d'être plus éloquent que le savant professeur de Nancy, mais qu'il me permette de le dire, « la vérité est dans les deux écoles de « Paris » et de « Nancy ».

On ne saurait nier l'action des agents physiques pour produire les états somnambulique, cataleptique et léthargique, et la part reste encore assez belle, assez grande à l'école de Nancy, surtout en thérapeutique et en médecine légale. MM. Bernheim, Beaunis, Liébault et Liégeois peuvent trouver une ample compensation dans la grande valeur reconnue de leurs travaux.

MM. Pitres, Grasset, Voisin, sont en hypnotisme des éclectiques de grand mérite et ont largement contribué à vulgariser les enseignements de cette science nouvelle. A côté de nos concitoyens, je suis heureux de citer les noms des professeurs Delbœuf (de Liège), Ladame, Yung (de Genève) et Forel (de Zurich). Nous devons une mention spéciale aux travaux de notre collègue, le docteur Mesmet, et aux mémoires du docteur Azam (de Bordeaux).

N'oublions pas non plus de rappeler qu'un homme qui n'est plus, le professeur Bouley, ce vulgarisateur, cet éloquent défenseur, et de la première heure, des découvertes de l'illustre Pasteur, n'a pas peu contribué à ouvrir à l'hypnotisme les portes de l'Académie des Sciences.

Avec l'appui de tels hommes et leur concours, la cause

de l'hypnotisme était gagnée en France. Bientôt, en Belgique, en Suisse, en Italie, en Espagne, l'hypnotisme s'imposait aux discussions du monde savant.

L'hypnotisme est une science d'expérimentation, sa marche en avant est fatale.

Les résultats obtenus tiennent du miracle !

Les faits ne sont plus discutables : l'hypnotisme ne fait plus de doute pour les savants les plus autorisés. — Nos présidents d'honneur ne sont-ils pas MM. Charcot, Brouardel, Charles Richet ?

Le professeur Brown-Séquart n'a-t-il pas signé la préface de la traduction française du livre de M. Braid ?

Il est inutile d'insister pour établir la raison d'être de notre congrès. Marchons vers les progrès et ne prenons pas souci de l'indifférence des hommes qui ne veulent ni étudier, ni voir, ni entendre !

Le discours est accueilli par de chaleureux applaudissements.

Dans l'une de ses séances, le congrès a adopté, à l'unanimité, des conclusions émises par le professeur Bertillon, relatives à la suggestion verbale sur des enfants vicieux et dégénérés.

1° La suggestion employée rationnellement par des médecins expérimentés et compétents constitue un agent thérapeutique fréquemment susceptible d'être appliqué avec avantage en pédiatrie;

2° Les affections dans lesquelles les indications de la suggestion ont été établies chez les enfants par des faits rigoureusement observés sont : les tics nerveux, les terreurs nocturnes, les attaques convulsives d'hystérie ; les troubles purement fonctionnels du système nerveux ;

3º Les résultats dans le traitement du crétinisme, de l'idiotie, de la faiblesse d'esprit sont à peu près négatifs ;

4º La suggestion est un excellent auxiliaire dans l'éducation des enfants vicieux ou dégénérés, elle est surtout indiquée pour réagir contre les instincts vicieux, les habitudes invétérées de mensonge, de vol, de paresse, de cruauté.

Telles sont les conclusions adoptées par le congrès relativement à l'application de la suggestion et à l'éducation mentale des enfants portés aux vices.

A ce propos je me permettrai d'ajouter les observations suivantes de feu le docteur Luys :

« Le cerveau du jeune enfant, est une matière maléable, au gré de celui qui la pétrit. Il est en quelque sorte comparable à l'état cataleptique des muscles, qui acceptent sans contradictions les attitudes les plus extra-physiologiques qu'on leur inculque.

« L'esprit du jeune sujet accepte toutes les données, toutes les théories, toutes les idées *à priori* qu'on lui suggère, sans que ses forces de réflexion, annihilées la plupart du temps par la discipline scolaire, se mettent en œuvre.

« Cette discipline s'impose dès le début et domine l'essor de la personnalité naissante qui n'a pas

encore suffisamment de verdeur et d'énergie
pour s'affirmer et réagir. C'est ainsi que cette dose
de crédulité qui forme la naïveté de l'enfance,
que l'on respecte comme une qualité de premier
ordre, que l'on protège par tous les moyens possibles, constitue, par contre, un terrain tout préparé
pour recevoir les germes bons ou mauvais qu'on
lui confie.

« Ils se développent fatalement dans l'esprit, ils
constituent les bases mêmes de toute instruction,
ils *s'incarnent* dans l'organisme, et par une sorte
de *phosphorescence*, continuent à jeter au loin
des lueurs dans la période de notre âge mûr et se
prolongent jusqu'à l'extrême vieillesse.

« Les suggestions pédagogiques données à l'enfance sont donc les premiers aliments aux dépens
desquels son esprit va se nourrir et recevoir cette
tournure spéciale qui caractérise les instructions
scientifiques, littéraires ou théologiques.

« C'est en raison de ces données primordiales,
véritables suggestions premières, que l'homme
se croit inspiré par ce qu'il appelle son jugement,
son expérience personnelle, sa connaissance des
choses, alors qu'il ne fait qu'obéir à des suggestions latentes, à des opinions toutes faites qui ne
sont que de lointains échos de ce qu'on lui a incul-
qué dans son enfance, et de tout ce qui lui a été
transmis par tradition !

« Et cela est fatal. C'est la suggestion d'autrui
présente ou passée, qui actionne, sous des formes

diverses, l'esprit des jeunes générations soumises au régime uniforme des établissements scolaires ; — Et, il faut bien le dire, si ce poids d'une discipline uniforme s'imposant à tout un monde d'écoliers, au nom d'anciennes traditions, a l'immense avantage de régler les indisciplinés, de refréner les natures rebelles aux procédés de culture, il a aussi malheureusement contre lui l'effet déplorable d'éteindre l'originalité individuelle, et dans une certaine limite, de restreindre les énergies morales et d'émasculer les caractères.

« Chez l'homme plus avancé dans la vie, les suggestions, suivant la tournure de son esprit, suivant la fermeté de son caractère et sa puissance d'originalité, ont plus ou moins de prise. — Il raisonne et discute volontiers.

Mais plus tard, à l'époque où la sénilité arrive, la présence des suggestions d'autrui reprend son empire sur l'homme affaibli par l'âge. Le niveau des énergies spécifiques, s'abaisse et il retombe dans une seconde enfance. Les captations de testaments, les spoliations d'héritages légitimes, dont on voit dans la vie courante de si nombreux exemples, ne montrent-elles pas l'influence des suggestions intéressées sur les esprits séniles ?

« Il appert de tout ceci que l'on peut corriger et modifier de mauvaises habitudes et les instincts pervers, par la suggestion hypnotique ; que l'on peut amener des individus à renoncer à l'usage de substances nuisibles à leur santé, telles que

le tabac, l'alcool, la morphine, etc..., que des
enfants menteurs ou voleurs peuvent être corrigés
de ces vices; que d'autres réfractaires à l'étude,
peuvent, par suggestion, prendre goût à cette
occupation qui leur répugne, et qu'à la rigueur
même on peut obtenir une amélioration sensible
dans les cas d'idiotie, mais ceci n'est pas toujours facile. — Le docteur Voisin cite le cas d'une
hystérique à l'hospice de la Salpêtrière à Paris.

« C'est une fille grande et forte, sournoise, indo-
cile, paresseuse, ordurière, récriminant à propos
de tout.

« Pour calmer son agitation, qui allait jusqu'au
délire furieux, le docteur eut recours à l'hypnotisme.

« Un jour, il la trouve *camisolée*, assise dans la
salle de douches, le bonnet d'irrigation d'eau
froide sur la tête; mais dès qu'il cherche à l'endormir, elle résiste et lui crache au visage; la
difficulté est de lui faire fixer un objet brillant. —
Le docteur est forcé de lui tenir les paupières
entr'ouvertes et de suivre ses yeux. Après sept ou
huit minutes, elle se débat encore, prononce
quelques mots, puis s'endort.

« Elle est sur une chaise, la tête en arrière et
appuyée sur un lit. Les mains pendantes se
cyanosent, l'anesthésie est complète; une grosse
épingle enfoncée dans la chair n'est nullement
sentie.

« A partir de cette séance, M. Voisin essaya sur

la malade diverses suggestions qui réussissent
très bien.

« Il lui dit de dormir, puis de se réveiller le
lendemain matin à neuf heures, de manger ce
qu'on lui aura préparé, de laver le parloir à une
heure, enfin de lui écrire, à deux heures, sur une
feuille de papier qu'elle trouvera dans le tiroir de
la table de nuit, la promesse de bien se conduire
dorénavant; de mettre t on engagement sous enve-
loppe, et de le laisser dans le tiroir.

« Tout fut exécuté ponctuellement et l'on ne
tarda pas à remarquer que sa tenue était notable-
ment meilleure, ses propos plus honnêtes et son
humeur plus obligeante ».

Voici un exemple qui prouve, une fois de plus
que la suggestion peut parfaitement atténuer les
mauvais instincts d'un individu en modifiant d'une
façon sensible son état moral. Au reste je revien-
drai sur ce sujet dans le cours de ce volume.

Le docteur Liégeois, professeur à la faculté de
Nancy (droit) a essayé de montrer, par des expériences que, chez certains sujets, on peut suggérer
des actes que, une fois réveillés, ils accomplissent
avec une inconscience absolue.

Il en a donc tiré cette conclusion que l'auteur de
la suggestion, dans un crime commis doit être
seul responsable et non le sujet suggéré qui a
accompli le meurtre. — A son avis, s'il y a quelque
chose à « redouter, moralement, dans l'hypnotisme, c'est la *suggestion* ».

Au Congrès international de 1889, cet habile praticien a appelé l'attention des membres du congrès sur tout ce qui concerne les hystériques et leurs fausses accusations; les accouchements sans douleur dans le sommeil hypnotique, avec oubli complet au réveil, de toutes les circonstances du fait, cet oubli pouvant favoriser des substitutions d'enfants; les faux témoignages produits, soit par suggestion intentionnelle, fortifiée au besoin par une hallucination rétrospective, soit spontanément, par des hystériques ou des enfants.

Les membres du Congrès ont été unanimes à reconnaître, que l'exercice de l'hypnotisme par des individus malhonnêtes peut avoir de graves conséquences. — Ces individus peuvent se servir de l'hypnotisme pour la satisfaction de leurs vices et de leur immoralité. — Les attentats à la pudeur sont possibles et cela a suffi pour qu'à un moment, on ait crû à la nécessité d'interdire les spectacles publics de cette science, dans lesquels les scélérats pouvaient venir s'initier aux procédés de magnétisme leur permettant d'arriver à violer ensuite, impunément leurs victimes.

Le Congrès a voté à l'unanimité moins une voix, les conclusions suivantes :

« 1° La pratique de l'hypnotisme, comme moyen curatif doit être soumise aux lois et aux règlements qui régissent l'exercice de la médecine ;

« 2° Il est désirable que l'étude de l'hypnotisme

et de ses applications, soit introduite dans l'enseignement des sciences médicales ».

DEUX ÉCOLES FRANÇAISES

En 1878, le docteur Charcot étudia les effets du
somnambulisme chez les hystériques de la Salpêtrière, et, à quelque temps de là, d'autres docteurs
de la faculté de Nancy fondèrent une clinique
pour s'occuper du traitement des diverses maladies nerveuses.

Ces deux écoles se désignent : l'École de la Salpêtrière et l'École de Nancy.

L'école de la Salpêtrière admet que l'hypnotisme
hystérique est toujours caractérisé par : la *léthargie*, la *catalepsie* et le *somnambulisme* ; de plus,
cette école prétend que chaque sujet est nécessai-
rement doué d'un tempérament hystérique, faute
de quoi il serait impossible de produire sur chacun
d'eux des phénomènes de suggestion magnétiques
soit à l'état de veille, soit dans le sommeil somnambulique ou profond.

L'école de Nancy prétend, au contraire, ne pas
admettre toujours ces trois états classiques.

Elle affirme qu'il a été démontré que le sommeil
magnétique se produit aussi bien chez les hommes
que chez les femmes, et que la proportion des
sujets aptes à entrer en somnambulisme est beaucoup plus grande qu'on ne l'admet d'ordinaire.

Quoiqu'il en soit, l'hypnotisme représente actuellement une série de recherches douées de carac-

tères scientifiques suffisamment certains pour lui permettre de revendiquer une part légitime dans le domaine de la neurologie.

« Il est, en ce moment, en période de transition ; il émerge des phases nébuleuses qui ont voilé ses anciennes origines.

« Et de même que l'astronomie moderne a longtemps vécu dans l'esprit des hommes sous le nom de l'astrologie, en captivant leur imagination par l'affectation d'un pouvoir occulte, cherchant des rapports mystérieux entre les actes de leurs destinées et certaines conjonctions des astres ; de même que la chimie, cette triomphante conquête du genre humain, a longtemps dominé les esprits par son prétendu pouvoir de transmutation des métaux et ses recherches de la *pierre philoso-phale*, — de même il n'est pas illogique d'admettre que les études nouvelles de l'hypnotisme (qui plonge, lui aussi, ses racines dans ce fond de croyance au mystérieux qui appartient en propre à l'humanité) puissent avoir, au fur et à mesure qu'elles seront mieux comprises, des destinées semblables à leurs devancières.

« Les thaumaturges, les sorciers, tous ces magnétiseurs qui furent, à travers les âges, leurs premières incarnations, n'ont-ils pas été pour l'hypnotisme ce qu'ont été les astrologues et les alchimistes pour l'astronomie et la chimie modernes, c'est-à-dire de véritables *précurseurs* inconscients ?...

3

« Les déductions thérapeutiques qui découlent de ces études viennent encore frapper l'esprit en leur faisant voir des applications nouvelles de ces transferts de forces nerveuses inconnues, et dont les effets sont, dans certains cas, destinés à produire des guérisons vraiment *miraculeuses* (1). »

MAGNÉTISME ANIMAL

On entend par *magnétisme animal* un ensemble d'effets que produit sur une personne le sommeil somnambulique. — Longtemps méconnu, le magnétisme était frappé d'ostracisme et c'est à peine si on lui accordait une place à côté des *sciences occultes*. Il est vrai que ses premiers propagateurs contribuèrent, par leurs étranges pratiques, à jeter le discrédit sur cette belle découverte.

Le temps a fait justice de la puérile infatuation des uns et du dédain des autres. Le magnétisme animal a pris place à côté de l'électricité, sa sœur jumelle, qui fut longtemps aussi méconnue. Tout ce que l'on sait actuellement, sur la manière dont se produit ses merveilleux effets sur les êtres organisés, se borne à fort peu de chose.

Comment cette admirable machine qui s'appelle le cerveau humain, est-elle impressionnée par le sommeil somnambulique ? Personne ne serait en

_____

(1) Leçons cliniques sur l'hypnotisme, par le docteur J. Luys. (Paris, Carré, éditeur).

état de répondre catégoriquement à cette simple
question. Peut-être ne le pourra-t-on jamais. Ce
qui est probable, certain même, c'est que le
magnétisme produit (non pas la paralysie, comme
d'aucuns l'ont écrit) mais l'engourdissement d'une
partie du cerveau ; tandis que l'autre partie est
douée d'une suractivité dont les effets se tra-
duisent différemment, selon les tempéraments des
sujets.

Le *magnétisme animal* procure une sorte de
sommeil, tantôt léger, tantôt profond.

D'après le docteur Richet, l'hypnotisme est l'ensemble des états particuliers du système nerveux
déterminés par des manœuvres artificielles. —
Le mot *hypnotisme* signifie simplement *sommeil* ;
le mot *magnétisme* y ajoute l'idée d'*attraction*,
parce que le sommeil qu'il provoque, à l'aide de
passes, fit d'abord supposer que les sujets étaient
attirés vers les personnes qui les magnétisaient.

Il y avait dans cette opinion une bonne part de
vérité, car le sujet subit en effet, à son insu, une
sorte d'attraction qui le soumet à la volonté du
magnétiseur.

Magnétiser une personne n'est pas absolument
la même chose que de l'hypnotiser ; il importe
de magnétiser un sujet pour arriver ensuite à
l'hypnotiser.

Tout le monde est magnétisable (à des degrés
différents, bien entendu), comme, de même, tout
le monde peut magnétiser.

Le principal de tout est de savoir bien faire ses *passes magnétiques*, comme je le définirai plus loin, mais il est une condition absolue, pour avoir chance d'endormir magnétiquement un sujet, c'est que celui-ci s'y prête aveuglément, qu'il s'abandonne complètement et qu'il ne pense à rien qu'à s'endormir.

Il est absolument faux que l'on puisse magnétiser une personne sous la fascination du regard ou grâce aux *passes*, si elle ne se prète complètement à vos pratiques.

L'expérience m'a démontré que les sujets résistants ou distraits, tels les idiots et les fous, ne pouvaient jamais être endormis par le regard ou les *passes*, car je ne pus parvenir à fixer leur attention. — Il est donc indispensable que le sujet s'abandonne complètement et ait confiance en l'opérateur. — Un individu que vous tenteriez d'endormir et qui, de parti pris, se contenterait de vous rire au nez et se moquerait de vos paroles, vous ferait tout simplement perdre votre temps précieux ; c'est en vain que vous vous efforceriez de produire sur lui le moindre effet du sommeil magnétique.

L'âge et le sexe ont de l'importance ; on doit en tenir compte. — En général, les paralytiques, les épileptiques, les femmes hystériques, anémiques, névrosées ou atteintes d'une maladie chronique, sont des sujets susceptibles de subir l'influence du magnétiseur.

Le praticien doit cependant s'assurer que son sujet n'a pas de maladie du cœur ; il y a danger de syncope dans le cours de l'expérience.

Les excès vénériens, les abus alcooliques, l'affaiblissement nerveux, sont autant de bonnes causes disposant au sommeil magnétique.

Voici l'un des nombreux moyens employés par certains de mes confrères, pour se rendre compte du degré de sensibilité hypnotique que possède leur sujet :

Ils tracent, sur un papier blanc, un point noir d'un centimètre environ de diamètre, entouré d'un petit cercle rouge et le font tenir à leur sujet dans la main droite, le coude appuyé sur la table, à la distance de 10 centimètres environ, en avant, et un peu plus haut que l'orbite des yeux. Au bout de 5 à 10 minutes d'immobilité complète, le sujet sent comme un nuage qui voile son regard, ses pupilles se dilatent, ses yeux deviennent lar-moyants et le sommeil, dans son 1er degré arrive (occlusion des paupières). Les passes magnétiques font le reste en 20 minutes ou une demi-heure ; (il est bien entendu que je parle ici seulement pour les sujets qui n'ont jamais été soumis à ces expériences, qui n'ont jamais eu affaire à un pra-ticien-magnétiseur.

J'indiquerai plus loin les conditions générales pour l'obtention d'un bon résultat, sinon rapide, tout au moins appréciable.

Il arrive aussi qu'il faut quelquefois plusieurs

3.

séances pour obtenir quelque chose ; telle personne qui n'est pas magnétisable à trois heures peut l'être une heure plus tard. Tout ceci dépend un peu de la disposition du sujet, voir même de celle du magnétiseur.

Ce que je puis affirmer c'est qu'il n'est pas besoin de don spécial pour faire un bon magnétiseur ; que 4 ou 5 leçons d'un bon praticien font mieux et plus vite que toutes les brochures possibles et qu'il suffit de savoir bien opérer pour arriver à un résultat, mais que l'hypnotiseur n'a pas besoin de constitution particulièrement avantageuse.

En Egypte, où je me trouve actuellement, j'ai vu des physiciens, faisant également profession de sorciers et d'hypnotiseurs, qui prennent un plat blanc et tracent au centre (au fusain) plusieurs triangles entre-croisés ; l'un d'eux, après avoir fixé le centre du plat pendant une dizaine de minutes, y voit un point qui grossit de plus en plus, paraît-il, et se transforme en une quantité d'apparitions extraordinaires, grâce auxquelles au bout de quelque temps il tombe endormi.

Chaque magnétiseur a sa méthode pour obtenir le *sommeil hypnotique.*

Pour ma part je divise les *phases magnétiques* en cinq parties :

1° *L'occlusion des paupières.* — C'est d'abord un simple engourdissement plus ou moins prononcé, avec pesanteur des paupières, et quelquefois sommeil léger, mais rarement (le sujet n'est pas encore endormi, il éprouve simplement un besoin de tenir les paupières closes) dans cet état le sujet a encore son libre arbitre, il entend tout ce qui se dit autour de lui, même à voix extrêmement basse.

2º Si on entr'ouvre la paupière du sujet, on aperçoit la pupille fixée sur l'opérateur mais semblant rétrécie (le sujet n'est toujours pas endormi, malgré les apparences).

3º *Le sommeil somnambulique.* — Si l'on entr'ouvre la paupière du sujet que l'on suppose endormi, on constatera que la pupille est presque disparue sous l'arcade sourcilière, que l'œil est presque retourné dans l'orbite et semble blanc (le sujet dort légèrement). Le sujet reste en rapport avec son entourage, il peut parler, peut se lever et marcher ; il exécutera différentes actions que l'on lui suggèrera *mentalement*; tel par exemple d'aller prendre un objet sur une personne ou sur un meuble et aller le transporter ailleurs, dans tel endroit choisi *mentalement*; il suffira d'agir par trois moyens différents, d'abord commencer par faire exécuter une action très peu compliquée, à l'aide du contact entre l'opérateur et la personne endormie, à l'état sommanbulique.

L'opérateur fera prendre *l'index* de sa main gauche par lequel tiendra la main droite de son sujet, assez serré le doigt du magnétiseur, qui pensera à la direction que le sujet doit prendre pour se rendre vers l'objet qu'il devra saisir. — Quand le sujet sera rendu à la place désirée on lui dira assez énergiquement : « tendez le bras droit *lentement,* cherchez à prendre un objet auquel je pense ; il y en a plusieurs, faites bien attention à prendre seulement celui que je désire..... bien, maintenant je pense où vous devez le porter.....

(Ne parlez plus, votre sujet, maintenant, pourra porter l'objet à 500 mètres de là sans plus d'objections ni d'ordres verbaux).

Pour accomplir cette expérience rappelez-vous qu'il est absolument nécessaire de *bander les yeux de votre sujet* à l'aide d'un morceau d'étoffe assez épais.

4° *Le sommeil profond.* — Dans cet état le sujet obéit aux ordres les plus extraordinaires que l'hypnotiseur lui suggère.

Ses membres prendront les positions les plus invraisemblables, si on lui en intime l'ordre ; on fera de lui ce que l'on voudra sans qu'il puisse réagir, se révolter, en un mot reprendre son libre arbitre ; dans cet état le sujet agit à distance ; j'entends par là que l'on peut lui faire de la suggestion impérative à haute voix et pour une époque déterminée, cependant assez rapprochée, n'excédant pas 4 ou 5 jours. — (Je ne suis parvenu qu'à ce résultat, des docteurs de Nancy sont arrivés, paraît-il, à des résultats fixés à des dates beaucoup plus éloignées).

On se rend compte que ce quatrième degré est atteint en entr'ouvrant la paupière du sujet, *avec précaution* et en trouvant l'œil blanc dans son orbite ; la pupille ayant disparu sous l'arcade sourcilière.

On évitera autant que possible la fréquence de cette ouverture de paupière ; un praticien exercé s'en dispense très facilement rien qu'en examinant le dessus des paupières, sans attouchements ; il aperçoit, en effet, quand cette phase est obtenue, comme un point pâle de la grosseur d'une lentille, en haut de chacune des paupières ; c'est la pupille qui se devine et qui tente à se cacher sous l'arcade des sourcils, dans cet état on pourrait faire de son sujet un voleur ou un assassin.

5° *La catalepsie.*

Du sommeil profond on peut plonger une personne dans le sommeil cataleptique, c'est-à-dire obtenir la rigidité complète de tout le corps ou de certaines parties du corps (inconscience absolue), cinquième phase de l'hypnotisme.

6° *La léthargie.*

Cette sixième et dernière phase du magnétisme animal, est, à mon avis, un accident de l'hypnose, c'est une phase très dangereuse que l'opérateur ne doit jamais provoquer.

Voici donc définies brièvement les six phases différentes par lesquelles un sujet peut passer dans le cours de nos expériences ; les écoles américaines « collége of sciences » de Philadelphie et New-York, dont le directeur est M. Lamotte-Sage, admettent je crois, neuf phases ; mais ces différents états ne sont en somme que des parties de celles que je viens de décrire.

L'HYPNOTISME CHEZ LES ANIMAUX

D'après plusieurs observateurs, on semble admettre que les effets du sommeil magnétique ne se produisent pas exclusivement sur l'espèce humaine, mais que les animaux y sont également sensibles.

Le docteur russe Danilewski prétend avoir obtenu, à Karkoff, l'hypnose chez les animaux les plus variés : poule, cobaye, serpent, écrevisse, langouste, grenouille.

La *Revue de l'hypnotisme* du 1er septembre 1889, rend compte de cette déclaration :

« Pour y arriver, il suffit d'immobiliser l'animal pendant un certain temps, par une pression douce, après l'avoir mis dans une position anormale (sur le dos, par exemple).

« On voit rapidement survenir une anesthésie complète, la perte des mouvements volontaires et l'absence de réaction à l'occlusion des voies respiratoires.

« La grenouille hypnotisée reste immobile, elle ne réagit pas aux excitations les plus douloureuses, elle se laisse chloroformiser sans résistance.

Si on lui ferme les narines avec un morceau de papier, elle ne cherche pas à s'en débarrasser d'un coup de patte, comme à l'état de veille. — Ce n'est qu'au moment où l'asphyxie commence, qu'une convulsion fait tomber le papier et que la respiration reprend.

« Si on hypnotise une grenouille, à laquelle on a préalablement enlevé un des hémisphères cérébraux, tout se passe comme précédemment mais si on enlève les deux hémisphères, on obtient l'état cataleptoïde, la perte du mouvement volontaire sans anesthésie.

« Chez la poule, l'anesthésie dure une demi-heure ;

« Chez la langouste, vingt minutes ;

« Chez les autres animaux (serpent, jeune crocodile) de dix à quinze minutes.

« L'hypnotisme des animaux consiste donc en une sorte de paralysie de la volonté, par une sorte de renoncement à la lutte devant une force supérieure.

« Il est d'autant plus complet que le cerveau est plus apte à sentir sa défaite, c'est-à-dire plus développé.

« La concentration de l'attention joue chez l'homme le rôle de la violence extérieure, douce et continue chez les animaux ».

DIFFÉRENTS PROCÉDÉS
POUR MAGNÉTISER

J'ai dit plus haut que chaque praticien dans l'art de l'hypnotisme a sa manière personnelle, son procédé particulier, pour produire le sommeil magnétique :

1° *Les passes* (procédé de Deleuze) ;

2° Fixation par le sujet d'un objet brillant (procédé de Braid) ;

3° Fascination par le regard du magnétiseur (procédé de Donato, Pickmann, etc.) ;

4° Excitations sensorielles (procédé physiologique) ;

5° Passes et excitations sensorielles réunies, attouchements sur les zônes hypnogènes (procédé de *Lafontaine*).

Voici la définition que Deleuze donnait à son procédé de *passes* magnétiques :

« Dès que vous serez sérieusement d'accord avec le sujet, ne gardez près de vous que les témoins nécessaires (un seul, s'il se peut), et demandez-leur de s'unir d'intention avec vous pour faire du bien au patient. Arrangez-vous de façon à ce que vos mains ne soient ni trop chaudes ni trop froides ; relevez vos manches de façon à ce que rien ne vienne gêner la liberté de vos mouvements et arrangez-vous de manière à ne pas être interrompu pendant la séance.

« Ensuite faites asseoir votre malade le plus commodément possible, et placez-vous vis-à-vis de lui, sur un siège un peu élevé, de manière à ce que ses genoux soient entre les vôtres et que vos pieds touchent les siens. — Demandez-lui alors de s'abandonner complètement, de *ne penser à rien*, ou de ne pas se décourager, si l'action du magnétisme produit chez lui des impressions singulières. Après vous être recueilli, prenez ses pouces entre vos deux doigts, de manière que l'intérieur de vos pouces touche l'intérieur des siens et fixez vos yeux sur lui.

« Vous restez de deux à cinq minutes dans cette situation, ou jusqu'à ce que vous sentiez qu'il s'est établi une chaleur égale entre vos pouces et les siens ; cela fait, vous retirez vos mains en les écartant à droite et à gauche, en les tournant de manière que la surface intérieure soit au dehors ; vous les élevez jusqu'à la hauteur de la tête ; alors vous les posez sur les deux épaules, vous les y laissez environ une minute et les ramenez le long des bras jusqu'à l'extrémité des doigts, en touchant légèrement.

« Vous recommencez cette passe cinq ou six fois, en tournant vos mains et les éloignant un peu du corps pour les remonter. Vous placez ensuite vos mains au-dessus de la tête, vous les y tenez un moment et vous les descendez en passant devant le visage à la distance de un ou deux pouces, jusqu'au creux de l'estomac ; là, vous vous arrêtez environ deux minutes en posant les pouces sur le creux de l'estomac et les autres doigts au-dessous des côtes. Puis vous descendez lentement le long du corps jusqu'aux genoux, ou mieux, si vous le pouvez sans vous déranger, jusqu'au bout des pieds.

« Vous répéterez les mêmes procédés pendant la plus grande partie de la séance.

« Vous vous rapprocherez ainsi quelquefois du malade, de manière à poser vos mains derrière ses épaules pour descendre lentement le long de l'épine du dos, et de là sur les hanches et le long des cuisses jusqu'aux genoux et jusqu'aux pieds.

« Après les premières passes, vous pouvez vous dispenser de poser les mains sur la tête et faire les passes suivantes sur les bras en commençant aux épaules et sur le corps, en commençant à l'estomac ».

Voici maintenant le **procédé de Teste** :

Teste parle ainsi :

« Je crois pouvoir faire observer que le contact absolu des mains sur la tête et l'épigastre n'est pas indispensable ; ce contact, au contraire, me paraît un sujet de distraction et n'ajoute rien à l'efficacité du procédé.

« J'ai cru remarquer également que les passes qu'on pratiquait le long du rachis n'avaient pas une action bien marquée, et pour mon compte, j'ai, depuis longtemps cessé d'en faire usage.

« Enfin, règle générale, toute espèce de contact direct me paraît superflue, et dans l'intérêt même de leur pratique, comme dans l'intérêt des convenances, j'engage les magnétiseurs à s'en abstenir.

« Le plus ordinairement, je me tiens debout devant la personne que je veux magnétiser, et même à une certaine distance d'elle; après les quelques minutes de recueillement qui doivent précéder toute expérience, j'élève les mains à la hauteur de son front, et je dirige lentement des passes de haut en bas, au devant du visage, de la poitrine et du ventre, seulement à chaque fois que je relève la main, j'ai le soin de laisser tomber mes doigts, de telle façon que leur face dorsale regarde le malade pendant le mouvement d'ascension et leur face palmaire pendant *les passes* ».

Les procédés de Deleuze et de Teste ne sont pas mauvais, mais je ne les recommanderai que pour agir sur des sujets déjà accoutumés au magnétisme ; le résultat serait peu sûr et beaucoup trop lent sur des personnes qui ne se sont jamais prêtées à ces sortes d'expériences.

Autre procédé de Teste :

« *La magnétisation par la tête* est un procédé plus prompt et plus énergique, mais qu'il ne faut employer que dans les cas où il importe de provoquer rapidement le sommeil. Voici en quoi il consiste : vous vous asseyez en face de la personne que vous voulez magnétiser ; vous faites d'abord quelques longues *passes*, de haut en bas, dans la direction des bras, au-devant du visage et suivant l'axe du corps ; après quoi, vous étendez les deux mains à quelques pouces du front et des régions pariétales, et demeurez ainsi pendant quelques minutes.

« Tout le temps que dure l'opération, vous variez peu la position de vos mains, vous contentant de les porter lentement à droite et à gauche, puis à l'occiput, pour revenir ensuite au front, où vous les laissez indéfiniment, c'est-à-dire jusqu'à ce que le sujet soit endormi. Alors vous faites des *passes* sur les genoux et sur les jambes, pour attirer le fluide en bas, suivant l'expression commune des magnétiseurs. »

Teste pensait que le magnétiseur avait besoin d'être doué d'un regard *vif* et *pénétrant* pour arriver à fasciner ses sujets. — Cette erreur est encore admise par beaucoup de mes confrères...

Procédé de Braid :

Braid, l'un des premiers adeptes de l'hypnotisme avec Memier, était un chirurgien de Manchester, il niait l'existence du *fluide magnétique* et prétendait qu'aucune force mystérieuse n'émanait du magnétiseur. D'après lui, tous les phénomènes du sommeil somnambulique sont produits par l'état même du patient. *La fixation d'un brillant*, avec fatigue, la concentration de sa pensée sur une idée unique, suffisent pour déterminer le sommeil, et le sujet peut s'y plonger par sa propre tension d'esprit sans influence extérieure (ce serait

le cas de mon confrère Pickman qui s'endort
magnétiquement seul ; de magnétiseur devenant
lui-même instantanément magnétisé.)

Dans cet état, l'imagination du sujet devient si
vive, que toute idée développée spontanément ou
suggérée par une personne à laquelle il accorde
confiance et attention, prend chez lui toute la
force de l'actualité, de la réalité. Plus on provoque
ces phénomènes fréquemment, plus il devient
facile de les ramener. — D'après Braid, la volonté
du magnétiseur, si elle n'est pas exprimée par la
parole ; ses gestes, s'ils ne sont pas compris par le
sujet, ne déterminent aucun phénomène.

« L'attitude qu'on donne au magnétisé ; l'état
dans lequel on met les muscles de sa face, peuvent
faire naître chez lui, les sentiments, les passions,
les actes correspondants à ces attitudes anatomi-
ques, de même que la suggestion de certains sentiments ou passions crée l'attitude ou l'expression
mimique corrélative. »

En 1858, des savants parmi lesquels se trouvent :
J.-H. Bennett, Simpson, Carpentier, Hollander,
confirmèrent par leurs expériences personnelles
l'exactitude des faits avancés par Braid.

Voici quel était le système de Braid, pour arriver à endormir un sujet :

Il plaçait au niveau du front, à environ quinze
centimètres du sujet, un objet très brillant qu'il
tenait entre le pouce et l'index, en l'invitant à
fixer cet objet. — Au bout de vingt minutes envi-

ron, quelquefois moins, le sujet tombait dans le sommeil magnétique. — Aujourd'hui on se sert d'une boule à facette et en cristal, que l'on suspend à un fil, ainsi que je l'indiquerai plus loin, dans la description de ma méthode.

Procédé du docteur Saint-Elme :

« Le sujet étant debout, à genoux ou assis, — ceci dépend autant de la taille respective des deux expérimentateurs que des résultats qu'on veut obtenir. Dans la majorité des cas, le magnétiseur se place devant le sujet et l'invite à le regarder fixement (pour chacune de ces trois positions, l'opérateur doit s'arranger de façon à dominer son sujet.)

Pour magnétiser debout, vous faites appliquer fortement les paumes des mains de votre sujet sur les vôtres. Vous l'engagez à s'abandonner en toute confiance et à ne pas être distrait ; tandis que de votre côté, vous dirigez vos yeux sans interruption sur les siens. Vous devez être placé à une distance telle que ses yeux convergent, c'est-à-dire louchent en dedans et en haut ; cinq centimètres paraissent être la distance voulue. — Alors à haute voix, vous lui dites : « Regardez-moi bien ! » — Quelques soupirs soulèvent d'abord sa poitrine ; ses paupières clignotent, s'humectent de larmes, les pupilles, après s'être contractées plusieurs fois, se dilatent un peu plus tard et se resserrent de nouveau ; elles sont alors insensibles à la lumière. —

Leur contraction initiale tenait simplement à la contemplation d'un objet très rapproché ; mais le serrement secondaire reconnait pour cause unique l'état magnétique.

« C'est alors le moment, sans quitter le sujet des yeux, de porter légèrement votre tête à gauche ou à droite afin de voir si ses yeux et son corps suivent vos mouvements. — Quand il en est ainsi, vous éloigner du sujet qui semble attiré et s'avance vers vous. — Si vous tournez, le sujet est forcé de vous imiter dans votre évolution en pivotant sur lui-même. Peu à peu, vous détachez vos mains des siennes, et le magnétisé est obligé de vous suivre comme un automate, partout où vous allez, sans pouvoir quitter vos yeux. — C'est le moment de commencer les expériences. »

Procédé du docteur Bernheim,

l'éminent professeur de la faculté de Nancy, qui s'est acquis un grand renom par ses recherches et ses expériences dans l'art du magnétisme :

« Il commence par dire au malade, qu'il croit devoir, avec utilité, le soumettre à la thérapeutique hypnotique ; qu'il est possible de le guérir ou de le soulager par le sommeil ; qu'il ne s'agit d'aucune pratique nuisible ou extraordinaire ; que c'est le simple sommeil qu'on peut provoquer chez tout le monde, sommeil calme, bienveillant, qui rétablit l'équilibre du système nerveux, etc.

« Au besoin il fait endormir une autre personne,

pour lui montrer que ce sommeil n'a rien de péni-
ble, ne s'accompagne d'aucune expérience ; et
quand il a éloigné ainsi de son esprit toute préoc-
cupation que fait naître l'idée du magnétisme et
la crainte un peu mystique qui est attachée à cet
inconnu, surtout quand il a vu des malades gué-
ris ou améliorés à la suite de ce sommeil, il est
confiant et se livre.

« Alors il lui dit : « regardez-moi bien, et ne
songez qu'à dormir, vous allez sentir une lourdeur
dans les paupières, une fatigue dans vos yeux ;
ils clignotent, ils vont se mouiller ; la vue devient
confuse ; ils se ferment ». Quelques sujets, dit le
docteur Bernheim, ferment les yeux et dorment
immédiatement », Chez d'autres, il répète, il accen-
tue davantage, il ajoute le geste, peu importe la
nature du geste.

« Je place, dit-il, deux doigts de la main droite
devant les yeux de la personne et je l'invite à les
fixer, ou bien avec les deux mains je passe plusieurs
fois de haut en bas devant les yeux ; ou bien
encore je l'engage à fixer les miens et je tâche en
même temps de concentrer toute son attention sur
l'idée du sommeil. — Je dis : « vos paupières se
ferment, vous ne pouvez plus les ouvrir. — Vous
éprouvez une lourdeur dans les bras, dans les
jambes ; vous ne sentez plus rien ; le sommeil
vient », et j'ajoute, d'un ton impérieux : « dormez ! »
Souvent ce mot emporte la balance ; les yeux se
ferment ; le malade dort.

« Si le sujet ne ferme pas les yeux ou ne les garde pas fermés, je ne fais pas prolonger la fixation de ses regards sur les miens ou sur mes doigts, car il en est qui maintiennent les yeux indéfiniment écarquillés et qui, au lieu de concevoir ainsi l'idée du sommeil, n'ont que celle de fixer avec rigidité; l'occlusion des yeux réussit alors mieux.

« Au bout de deux ou trois minutes de fixation, je maintiens les paupières clauses, ou bien je les étends longuement et doucement sur les globes oculaires, les fermant de plus en plus, progressivement, imitant ce qui se produit quand le sommeil vient naturellement; je finis par les maintenir clos, tout en continuant la suggestion : « Vos paupières sont collées, vous ne pouvez plus les ouvrir; le besoin de dormir devient de plus en plus profond; vous ne pouvez plus résister ». — Je baisse graduellement la voix, je répète l'injonction : « dormez! » et il est rare que plus de quatre ou cinq minutes se passent, sans que le sommeil soit obtenu. C'est le *sommeil par suggestion* ; c'est *l'image du sommeil que je suggère, que j'insinue dans le cerveau.*

« Les passes, la fixation des yeux ou des doigts de l'opérateur, propres seulement à concentrer l'attention, ne sont pas absolument nécessaires.

« Les enfants, depuis l'âge de raison, quand ils écoutent et comprennent, s'hypnotisent en général très vite et très facilement; — je me contente

souvent de leur fermer les yeux, de les tenir clos
pendant quelques minutes, de leur dire de dormir,
et puis d'affirmer qu'ils dorment ; « quelques
adultes s'endorment de même, de la façon la plus
aisée du monde par simple occlusion des paupières ; — aussi, souvent je procède d'emblée sans
passe ni fixation d'objet, en fermant les paupières,
en les maintenant doucement closes, en invitant
le sujet à les tenir rapprochées, et en suggérant
les phénomènes du sommeil ; il en est qui tombent
rapidement dans un sommeil plus ou moins
profond.

« D'autres résistent plus ; je réussis quelquefois
en maintenant longtemps, l'occlusion des yeux,
imposant le silence et l'immobilité, parlant conti-
nuellement et répétant les mêmes formules : « vous
« sentez de l'engourdissement, de la torpeur ; les
« bras et les jambes sont immobiles ; voici de la
« chaleur dans les paupières ; — le système ner-
« veux se calme ; — vous n'avez plus de volonté ;
« vos yeux restent fermés ; le sommeil vient, etc...
« Au bout de quelques minutes de cette suggestion
« auditive prolongée, je retire mes doigts, les
« yeux restent clos.

« Je lève les bras du sujet, ils restent en l'air :
c'est le *sommeil cataleptique*.

« Si chez quelques-uns on réussit mieux en pro-
cédant avec douceur, chez d'autres, rebelles à la
suggestion douce, il vaut mieux brusquer, parler
d'un ton d'autorité pour réprimer la tendance au

rire ou la velléité de résistance involontaire que cette manœuvre peut provoquer ».

Ce passage est emprunté à l'un des nombreux ouvrages du docteur Bernheim, j'ai cru devoir le mentionner pour que le lecteur se persuade qu'il importe de posséder une grande habileté et beaucoup de tact, pour recourir immédiatement au procédé le plus efficace afin d'obtenir le sommeil.

Parmi les « *excitations sensorielles* » que préconisait le docteur Charcot, lui-même, on peut citer l'apparition brusque de la lumière solaire ou électrique dans une chambre obscure ; l'action de regarder le soleil en face, l'incandescence subite d'une lampe au magnésium. Chez les grandes hystériques, l'excitation intense produit immédiatement *la catalepsie*. Qu'elle soit assise à travailler, debout, ou en marche, elle est aussitôt figée dans l'attitude où elle a été surprise, avec une expression de frayeur sur la face et dans le geste. — On peut provoquer l'hypnose, chez une hystérique, en lui faisant entendre d'une façon continue le simple tic-tac d'une montre.

Diverses odeurs, le musc, particulièrement, prédisposent au sommeil. La chaleur de plaques métalliques modérément chauffées et approchées près du cervelet produisent le même effet.

On s'est demandé, pendant longtemps, si l'on pouvait plonger un sujet endormi naturellement, dans le sommeil hypnotique et à son insu, bien entendu. — De nombreux praticiens ont répondu affirmativement et d'autres négativement.

Les docteurs Bernheim, Liégeois, Beaunis, admettent volontiers ce phénomène et je me range à leur avis. — C'est le seul moyen de pouvoir opérer sur des idiots ou aliénés en parvenant à profiter de leur sommeil pour les hypnotiser et améliorer un peu leur état.

De même on s'est demandé si l'on pourrait profiter du sommeil naturel des criminels, pour en obtenir des aveux? — Je ne le crois pas et voici un exemple qui en donne la raison : Feu le docteur Luys fut autorisé jadis à magnétiser un détenu qui était accusé d'avoir volé une somme de deux cents francs en billets de banque, afin de savoir si vraiment cet individu avait caché cette somme dans un terrain boisé qui se trouvait derrière sa demeure.

Ayant hypnotisé le détenu, M. Luys lui demanda s'il était vrai qu'il eût soustrait cette somme; comme il se récriait il lui dit qu'il mentait, qu'il était sûr qu'il avait volé cet argent, alors l'endormi répondit : « Oui. » — Le docteur lui ayant alors demandé s'il était vrai que cette somme fût cachée à l'endroit que l'on supposait, le détenu ne répondit rien, mais en insistant et en parlant comme ceci : « Vous avez pris cette somme qui était en billets de banque, vous êtes sorti derrière votre maison, où se trouve un petit bois, c'est bien cela, n'est-ce pas? — Oui, répond le sujet.

« Vous êtes passé sur votre droite, où se trouvent
de gros arbres; là vous avez creusé le sol au pied
de l'un d'eux et y avez enfoui la somme que vous
avez volée, c'est bien cela, n'est-ce pas ? » Et l'endormi de répondre affirmativement.

A l'issue de cette expérience du docteur Luys,
on fit de minutieuses recherches à l'endroit indi-
qué par le pseudo-voleur et l'on ne trouva rien ;
alors le docteur eut un soupçon et endormit
encore son sujet. Lui ayant posé des questions en
sens inverse, c'est-à-dire : « Vous n'avez jamais
volé deux cents francs ? — Vous n'avez pas caché
cette somme derrière votre demeure ? » — L'endormi répondit : Non ! à toutes ces questions. —
Il eut beau lui ordonner de dire la vérité ; la
vérité, pour lui, était ce que le praticien lui disait,
ce qu'il lui faisait croire. — Son « moi » volitionnel
n'existait plus. — Il ne possédait plus ce « vouloir » à deux tranchants, pouvant se tourner dans
un sens ou dans l'autre, vers le « oui ou le non ».
— Sa volonté n'était plus qu'une girouette déso-
rientée, obéissant à une volonté plus puissante, la
dirigeant, la gouvernant.

La vérité était donc impossible à démêler, car le
sujet subissait l'influence de la personne qui
l'avait magnétisé. — L'état de nos connaissances
actuelles ne nous permet pas de savoir si l'hypnotisé obéit à sa conscience ou à la volonté qui le
tient sous sa dépendance. Aussi, à la question :
peut-on, par l'hypnotisme ou la suggestion, obte-

nir la vérité d'un criminel réticent? Je répondrai : c'est peu probable. — A moins toutefois que cet individu ait commis son méfait *sous l'influence d'une suggestion*; s'il était vraiment établi qu'une personne puisse être magnétisée pendant son sommeil, les scélérats qui seraient mis au courant des procédés de magnétisation auraient beau jeu pour perpétrer les crimes les plus invraisemblables, ce ne serait pas du tout rassurant, cette perspective. Heureusement, en thèse générale, l'état hypnotique ne peut être obtenu qu'avec l'acquiescement formel, indispensable du sujet. — *Nul ne peut être hypnotisé contre son gré s'il résiste*, à moins que cette personne ait déjà été magnétisée, ait déjà servi à des expériences de ce genre.

Chez le sujet plongé dans le sommeil magnétique les sens subissent des modifications que je crois devoir mentionner. Pendant la *léthargie* tous les sens sont éteints, à l'exception parfois de l'ouïe qui veille encore, comme dans le sommeil naturel.

Pendant la *catalepsie*, le sens musculaire a un surcroît d'activité.

Enfin pendant le *somnambulisme*, les sens ne sont pas seulement réveillés, mais ils sont exaltés d'une façon extraordinaire. A plusieurs mètres de distance, le sujet peut ressentir le chaud ou le froid produit par le souffle buccal.

Le sens visuel présente, en général, une surac-

tivité telle que l'étendue et l'acuité de la vue
peuvent être doublées. L'odorat peut être si développé que le sujet retrouve, guidé par l'odeur,
les morceaux cachés d'une carte de visite qu'on
lui a fait sentir avant de la déchirer. — L'ouïe a
une finesse telle qu'elle perçoit une conversation
faite à voix basse à une distance assez grande,
(25 mètres environ).

La mémoire est beaucoup plus vive chez le
sujet hypnotisé, après avoir endormi ce dernier,
je donne dans mes séances publiques une cinquan-
taine de petits papiers à mes spectateurs (chaque
papier portant un numéro d'ordre); je prie chacun
d'eux d'écrire en regard de chaque numéro, le
nom d'un objet ou d'un animal quelconque; énon-
çant ensuite chaque numéro avec le nom de l'objet
inscrit en regard, le sujet conserve chaque chose
gravée dans son cerveau et énonce lui-même le
tout très rapidement, soit en commençant par la
fin des objets catalogués, soit de toute autre manière. — Puis éveillant le patient, il n'en garde
nulle souvenance. — Si je le rendors, il se rappelle parfaitement de tout. — Si je le réveille il a
tout oublié de nouveau et cependant quinze jours
ou trois semaines plus tard, le plongeant dans le
même état, il se souvient parfaitement de tout ce
qui a été inscrit dans cette première séance.

Le docteur Luys comptait parmi les auditeurs
assidus de ses remarquables conférences Mademoiselle de B''', professeur de langues étrangères,

qui depuis un certain temps suivait assidûment ses leçons; il lui demande un jour si cela l'intéresse, elle répond qu'elle y vient avec plaisir, mais que c'est trop *technique* pour qu'elle y comprenne quelque chose.

L'ayant mise en état de somnambulisme, il lui dit : « Vous n'êtes plus Mademoiselle de B''', mais M. Luys, et vous allez faire la conférence. » Aussitôt, l'hypnotisée s'incarne dans la personne du maître et, imitant son geste et son organe, elle se met à répéter, sans se tromper, toute une leçon qu'elle lui avait entendu réciter il y avait plus d'un an.

Bottey raconte aussi le cas d'un jeune hypnotisé à qui il dictait une page d'écriture qu'il lui enlevait dès qu'elle était remplie, en ne lui laissant qu'une feuille blanche sur laquelle l'écrivain relisait et ponctuait son texte, comme s'il l'avait encore sous les yeux.

DE LA SUGGESTION PAR L'IMAGINATION

Le domaine de la suggestion est immense ; il n'y a pas un seul fait de notre vie mentale qui ne puisse être reproduit et exagéré artificiellement par ce moyen.

La suggestion est une opération qui reproduit un effet quelconque sur un sujet, en passant par son intelligence; tout effet suggéré est le résultat d'un phénomène d'*idéation*.

En réalité nous subissons tous dans la vie des *suggestions* :

Le peintre qui s'efforce de reproduire sur la toile les traits du modèle qui pose devant lui doit se *suggérer* l'image de ce modèle, sinon il serait incapable de lui donner la ressemblance ; le comédien qui personnifie un personnage créé par l'imagination de l'auteur est forcé, inconsciemment, de se suggérer l'idée qu'il est bien l'individu du rôle, autrement le pauvre artiste serait simplement ridicule.

Nous sommes donc ici-bas les humbles serviteurs d'idées qui se *suggèrent* d'elles-mêmes à notre esprit sans l'aide d'aucun magnétiseur.

Du reste, il y a longtemps que l'on a reconnu l'influence que l'idée exerce sur l'esprit, mais ce n'est que depuis quelques ans qu'il a été démontré combien cette influence est grande.

Dans mes séances publiques, il n'est pas rare que je rencontre des sujets qui, plongés dans le sommeil hypnotique produit par la fixation d'un objet quelconque, perdent tout contrôle sur leur volonté ; il semble que leurs facultés mentales soient trop fatiguées pour guider leurs idées.

Je leur dis de marcher, ils marchent ; ils veulent s'asseoir, je leur défends, ils restent debout. J'ai vu une personne incapable de parler parce que je lui avais défendu d'ouvrir la bouche ; elle n'osait approcher d'un objet où se sentait entraînée vers lui irrésistiblement ; elle était dans l'impossibilité

5.

de traverser une ligne réelle ou imaginaire tracée sur le plancher ; son bras suspendu et posé comme si elle buvait, ou le corps arrêté comme si elle dansait ; enfin je l'obligeais à se promener, à danser, à courir, ou, assise sur une chaise, je la faisais galoper comme si elle avait été à cheval.

Les animaux eux-mêmes, je l'ai déjà dit, sont susceptibles de ressentir l'influence des *suggestions* et sont ainsi incapables de mouvements volontaires ou sont attirés vers un objet. Le corps long et étincelant des serpents, les yeux brillants d'autres animaux, fascinent les oiseaux et en font une proie facile. — De même que les individus qui regardent fixement le fond d'un précipice éprouvent les mêmes effets et ressentent une envie, dont ils se rendent difficilement maître, de se précipiter au fond de l'abîme, bien qu'ils sachent que leur destruction est certaine.

Chez le sujet endormi, toutes les sensations peuvent être augmentées, perverties ou détruites par l'intermédiaire d'idées suggestives. Selon l'idée communiquée, le sujet éprouvera sur la peau une sensation de brûlure, de froid ou d'engourdissement.

On lui fera voir des objets absolument différents de la forme qu'il leur prêtera : ainsi sur une feuille de papier blanc on lui suggérera l'idée qu'il y a une admirable aquarelle, il en sera convaincu.

L'odorat sera perverti de la même façon.

Un individu tient une rose odorante dans sa main, vous lui suggérez l'idée que c'est un oignon, il vous croit.

Ce qui est fort curieux dans ce phénomène c'est qu'une personne *peut être consciente* de ce qu'elle fait et même des choses ridicules qu'on l'oblige à accomplir et cependant être dans l'impossibilité de résister à la *suggestion verbale* qui lui est faite (le sujet étant à l'état de veille post-hypnotique).

De nombreux sujets sont les victimes *de suggestions* qu'ils se donnent sans l'intervention d'une tierce personne.

Un boucher fut transporté dans la boutique d'un droguiste, à Edimbourg. Cet homme, victime d'un accident, avait glissé en essayant de suspendre une pièce de viande au-dessus de sa tête et le crochet avait pénétré dans son bras, de sorte qu'il se trouvait lui-même suspendu.

Cet homme était pâle, son pouls presque insaisissable et disait éprouver des douleurs atroces. On ne pouvait lui remuer le bras sans lui occasionner des souffrances horribles, et pendant que l'on coupait la manche de son habit, il ne cessait de se lamenter et de pousser des cris. Eh bien ! lorsque le bras fut mis à nu, on reconnut qu'il n'avait reçu aucune blessure ; le crochet n'avait fait que traverser la manche de l'habit.

La suggestion n'agit pas avec les mêmes intensités sur tous les individus. — Cela n'a rien de surprenant : pour qu'il en fut autrement, il faudrait que tous les cerveaux fussent fondus avec le même modèle.

La suggestion est la pénétration de l'idée du magnétiseur dans le cerveau du sujet, par la parole, le geste, la vue, etc...

Les suggestions simples que l'on donne aux sujets hypnotisés, se révèlent avec les mêmes caractères propres aux hallucinations et aux illusions. Ainsi, on dit à un sujet qu'il est dans un jardin, il le croit et cherche à y cueillir des fleurs que vous lui suggérez de voir et de prendre. On lui dit qu'il est près d'un cours d'eau, vous lui suggérez qu'il désire pêcher, se baigner, canoter, etc., il agira absolument comme si cela existait.

Présentez-lui un porte-plume, dites-lui que c'est un sucre d'orge, il mettra le porte-plume dans sa bouche.

Faites devant lui, avec la main, un mouvement simulant la captation d'un serpent, et sans prononcer une parole, il croit voir un reptile qui s'avance devant lui et recule effrayé. C'est encore une illusion provoquée.

Il croira voir telle personne, placée à côté de lui, saigner du nez. Si vous lui affirmez que cela est, il ira chercher de l'eau et tamponnera le nez.

Vous pouvez, à volonté, faire la transposition de telle ou telle couleur.

Présentez-lui un papier jaune en lui disant

que c'est du papier bleu, il dira comme vous.

Dites-lui, en lui faisant lire une phrase, qu'il ne verra pas telles lettres, il ne voit pas les lettres en question et opère sa lecture d'une façon incomplète; présentez-lui une colonne d'addition de chiffres en disant de ne pas voir tel ou tel chiffre, il posera le total, défalcation faite des chiffres qu'il ne doit pas voir.

On peut donc ainsi dire à un sujet suggestionné de ne pas voir, au réveil, de ne pas reconnaître telle ou telle personne de son entourage, et cette *suggestion négative* peut durer un temps indéterminé.

La sensibilité, dans les différents modes, éteinte par le fait même de l'état de sommeil profond, peut néanmoins être modifiée par suggestion au moment du réveil; ainsi on peut dire à un sujet:

« Quant tu te réveilleras, tu seras complètement paralysé du côté gauche ou du côté droit et tu ne sentiras ni les brûlures, ni les piqûres qu'on te fera sur ce point. »

On peut également donner aux sujets la suggestion qu'ils ont la peau chaude ou froide.

Dans le premier cas, ils se découvrent, veulent se déshabiller et aller se baigner; dans le second ils grelottent et réclament des vêtements chauds.

Le sens de l'ouïe peut être aussi suggestionné. Ainsi, j'endors Myralda, je lui fais la suggestion d'entendre, dans dix minutes, le son de cloches imaginaires et à l'heure dite, elle s'éveillera toute seule, sous l'influence de l'hallucination auditive.

Pour le sens de l'odorat, on peut provoquer des illusions variées.

Ainsi, je fais passer sous les narines d'un sujet, un flacon d'ammoniaque, je lui dis que c'est de l'eau de Cologne ou de la peau d'Espagne, il aspire avec plaisir, sans ressentir aucun trouble nasal ; je prends un morceau de papier découpé, je le donne à un sujet en lui disant que c'est une pastille de menthe, il l'avale et ajoute, généralement, qu'elle est très bonne mais à un goût un peu fort. De même pour toute autre substance.

C'est ainsi, que par cette voie de suggestion, on peut faire faire au sujet des repas copieux et lui servir idéalement tous les plats dont sa fantaisie s'inspire et qu'il trouve délicieux.

Vous voyez comment la suggestion peut modifier les manifestations de la moticité, en provoquant la paralysie des membres, de la langue, etc.

Si l'on suggère à un sujet qu'il est sourd et aveugle, quelque soit le tapage ou l'éclat de la lumière que l'on développe autour de lui, il n'entendra ni ne verra rien. Vous lui ferez prendre un inoffensif morceau de papier pour un coutelas ; le cliquetis d'un verre se changera en bruit de fanfare, en roulement de tambour, en galop de cavalerie ; si on lui fait boire de l'eau pour du champagne, l'illusion est si complète qu'après quelques gorgées, il s'enivre, titube, pleure ou rit, suivant qu'on veut qu'il ait le vin joyeux ou triste.

Tel sujet mord avidement une boule de chiffon croyant que c'est un fruit savoureux, et au gré de l'expérimentateur, voit passer un régiment, musique en tête ; des chats, des rats, des éléphants, des tigres surgissent autour de lui ; il s'imagine monter sur la tour Eiffel et prend le vertige ; mais au réveil, il n'a que le vague souvenir d'un rêve brusquement interrompu.

Le sujet ira jusqu'à revêtir telle personnalité d'emprunt que le magnétiseur lui ordonnera de prendre, en lui disant qu'il a changé de sexe, qu'il est prêtre, général, devenu vieillard ou enfant et même qu'il est transformé en chien, en bœuf, en lapin, etc., et acceptant docilement son rôle, il le rendra avec des gestes et un langage parfaitement de circonstance.

SUGGESTION A ÉCHÉANCE

D'après ces citations variées, le lecteur peut se convaincre que le sujet hypnotisé n'est qu'un véritable jouet entre les mains de celui qui l'a magnétisé ; un autre fait, au moins aussi curieux que les précédents, c'est que le praticien peut suggérer au patient d'accomplir les actes qu'il lui commande d'exécuter à une date précise, à une heure fixée d'avance ; de même qu'il peut lui suggérer l'idée qu'à tel moment, il éprouvera telle ou telle illusion sensorielle.

C'est ce que nous appelons la *suggestion à échéance.*

Le docteur Luys s'exprime ainsi à ce sujet :

« Par exemple, je donne à Louise, un mardi, la suggestion d'aller le samedi suivant, à cinq heures du soir, porter un paquet à telle personne et à telle adresse. Pendant toute la semaine, je l'interroge sur ce qu'elle doit faire au jour désigné ; elle répond invariablement : « Je n'en sais rien, et je ne sais à quoi vous faites allusion. »

« Deux jours avant l'échéance, je la magnétise de nouveau, la plonge dans le sommeil somnambulique (ou troisième phase hypnotique) et lui demande de nouveau : « Où irez-vous samedi, à cinq heures du soir ? » Alors, c'est comme une boîte dont j'ai ouvert le couvercle, un véritable graphophone enregistré : — « Je vais telle rue, porter un paquet à M. X***».

« Je la réveille, la boîte se referme, le graphophone s'arrête et le samedi en question, interrogé par moi à deux heures, elle ne savait absolument rien de ce qu'elle devait aller faire à cinq heures.

« A cette heure-là, j'étais présent au rendezvous, et j'ai vu Louise arriver haletante, un quart d'heure après, remettre à la personne le paquet et s'en retourner sans rien dire.

« J'ai vu, plus tard, écrit le docteur Luys, que ledit samedi, vers cinq heures, cette jeune fille était avec sa mère et sa sœur dans un magasin de nouveautés, et que, tout d'un coup, elle quitta subrepticement ses parents, et se mit à courir sans indiquer où elle allait. »

Le docteur Bernhein, en avril 1888, suggéra, de même, l'état de sommeil profond, à un ancien sergent, de se rendre, le premier mercredi d'octobre, c'est-à-dire six mois plus tard, chez le docteur Liébault, l'assurant qu'il y trouverait le président de la République qui lui remettrait la médaille militaire.

Le sergent accepta et, au réveil, il avait tout oublié; mais le 3 octobre, le docteur reçut une lettre de son confrère lui annonçant que le sujet était arrivé chez lui, le jour même, vers onze heures, qu'il l'avait salué en entrant et, sans plus de façon, avait gagné la bibliothèque où il se confondit en politesses respectueuses envers un personnage imaginaire qu'il traitait d'Excellence et qu'il remerciait tout bas avec chaleur, comme s'il s'adressait au président de la République; puis, saluant de nouveau, il avait pris congé de son hôte qui eut mille peines à expliquer aux témoins de cette scène comique, que l'ex-sergent n'était pas un fou, mais un suggestionné obéissant à l'injonction d'autrui.

Interrogé depuis, le sujet affirma au docteur que l'idée de cette visite lui était spontanément venue le 3 octobre, à dix heures du matin, et qu'il l'avait suivie sans se douter de l'heureuse rencontre qu'il devait faire chez le docteur Liébault, car, enfin, il croyait et croit encore y avoir vu le président de la République lui remettre la médaille militaire.

Bien qu'avérés, ces résultats ne peuvent être obtenus qu'après des expériences réitérées, une longue pratique sur des sujets différents.

La pratique de l'hypnotisme, en effet, n'échappe à aucune des règles qui régissent les autres actes humains.

Indépendamment des aptitudes personnelles, c'est en hypnotisant tous les jours de nouveaux sujets que certains hypnotiseurs, comme Pickmann, Donato, Talazac, Door-Leblanc, etc., sont arrivés à un tel degré d'habileté, qu'ils ne rencontrent pas plus de quatre-vingts réfractaires sur cent, ce qui est énorme. C'est à force de suggestionner qu'on apprend à adapter à tel sujet, dans telles conditions déterminées, l'artifice sans lequel la suggestion n'aura aucune prise sur son esprit.

En particulier, n'est-ce pas aller au devant d'un insuccès presque certain, que de vouloir hypnotiser un malade, sans l'avoir convaincu de l'utilité qu'il pourra retirer du traitement et sans l'avoir décidé à s'y soumettre avec docilité ? — Au contraire, l'opérateur n'aura-t-il pas toutes les chances du succès, s'il a eu la patience d'attendre que le malade vienne presque exiger de lui l'application de la suggestion hypnotique ? — La personne qui s'adonne à la pratique de l'hypnose doit se résoudre à ne ménager ni son temps ni ses paroles, il doit être sans cesse animé du désir le plus sincère et le plus formel d'arriver à la guérison du malade.

SUGGESTION A L'ÉTAT DE VEILLE

On a vu, dans le chapitre précédent les phénomènes que produisent les suggestions données à un sujet plongé dans le sommeil magnétique. Nous nous occuperons maintenant des *suggestions à l'état de veille,* c'est-à-dire des effets que produisent des idées ou des hallucinations données à une personne parfaitement lucide.

C'est encore une des particularités les plus intéressantes, au point de vue psychologique, qui nous ait été révélée par les études de l'hypnotisme moderne.

C'est, en effet, une chose bien curieuse que de voir certains sujets *entraînés,* il est vrai, pouvoir, en pleine vie intellectuelle, en plein *état de veille et de conscience,* être subitement arrêtés, plongés dans le sommeil hypnotique, soit par une invitatation verbale, soit par un geste, etc., ou par la présentation d'un corps brillant.

Après deux ou trois hypnotisations successives, certains sujets sont aptes, *à l'état de veille*, à produire les mêmes phénomènes successifs qu'à l'état de somnambulisme.

A l'appui de mon assertion je citerai le cas d'une des personnes que j'ai magnétisées plusieurs fois, que j'ai habituées aux pratiques de l'hynose. — (En arrivant à un sommeil léger) : sans l'endormir, je lui dis à brûle-pourpoint: « fermez la main, vous ne pouvez plus l'ouvrir », le sujet obéit, et fait des efforts pour ouvrir la main.

Je lui fais étendre l'autre bras, la main ouverte, je lui dis: « vous ne pouvez la fermer ». — Elle essaye en vain de la fermer, et tout ce qu'elle peut faire, c'est d'amener les phalanges jusqu'à la demi flexion les unes contre les autres.

Je vais vous parlez maintenant de quelques-unes des expériences que je produis couramment, presque à chacune de mes séances publiques avec mon sujet *bien entraîné*, madame Myralda. Voici, du reste le compte-rendu d'une de ces séances, que je reproduis ici, à l'appui de mes assertions :

Extrait du « Littoral-mondain », journal de Marseille, du 8 juin 1901 :

« Passons à un sujet plus intéressant:
« Je veux parler de la voyante » présentée par
« M. de Lafontaine, dimanche dernier, j'ai assisté

« à une séance d'hypnotisme et de suggestion, des
« plus intéressantes, qu'ils ont donné dans la salle
« de la brasserie Marseillaise, aux allées des Capu-
« cins.

« C'était tout simplement merveilleux !

« T*** et M*** sont dépassés.

« Là, aucun truc, aucun signe, M. de Lafon-
« taine n'agit que par la force de son regard fasci-
« nateur, effrayant dans sa fixité, lançant comme
« une flèche sa pensée dans le cerveau de son
« sujet.

« Pour vous donner les détails de cette matinée qui
« a duré plus de deux heures, l'espace me manque.

« Je me contenterai de vous dire ce qui m'a le
« plus frappé :

« J'ai voulu expérimenter par moi-même, on m'a
« remis une brochure contenant environ 450 feuil-
« lets; je l'ai ouverte à la page 150 et j'ai lu une
« phrase vers le milieu de cette page; j'ai fermé le
« livre, en le posant sur mes genoux. M. de Lafon-
« taine a frappé dans ses mains, aussitôt la
« *voyante* » — non pas endormie, mais les pau-
« pières préalablement collées avec du papier gom-
« mé, recouvertes de tampon de ouate, de deux
« journaux et d'un épais foulard — a traversé la
« salle, avec des mouvements saccadés, passant
« entre les tables, sans les heurter ; a pris le livre
« sous ma main, l'a feuilleté fébrilement et a trouvé
« et lu, les yeux toujours bandés, le passage que
« j'avais choisi !

6.

« L'expérience a été renouvelée dans un énorme
« Bottin, le résultat a été le même.

« Entrant en communication directe avec elle,
« j'ai pensé à « l'habanera » de Carmen. Aussitôt
« la Voyante » s'est écriée : « Carmen ! » et s'est
« mise à chanter : « l'amour est enfant de Bohême,
« qui n'a jamais connu de lois, etc... etc... »

« A une table voisine de la nôtre, se trouvait le
« commandant L*** qui lui a demandé si elle pou-
« vait lui dire en quelle année il était né. Elle a
« répondu aussitôt : « le deux septembre 1826, un
« vendredi, à cinq heures du soir », elle a ajouté
« son nom et son grade, en spécifiant qu'il était
« en retraite.

« On a prié un petit garçon de la société de tra-
« cer à la craie une ligne sur le plancher de la
« salle, en faisant crochets et zigzags autour des
« tables.

« Trois spectateurs ont désigné plusieurs villes
« de France, autant de noms et de prénoms.

« Ceci fut écrit à la craie sur ou à côté de la ligne
« tracée, à une distance inégale.

« Le Barnum (sic), frappe dans ses mains et se
« retire au fond de la vaste salle ; aussitôt la « névro-
« sée « descend de l'estrade — (les yeux toujours
« bandés) — vient poser, d'elle-même, le bout de
« son pied sur la raie, elle suit absolument cette
« ligne, comme si elle marchait sur une corde ten-
« due, tel Arsène Blondin sur la corde raide ; ses
« bras lui servant de balancier ; puis, arrivée sur

« le premier point écrit, elle s'arrête et dit : « Paris »,
« plus loin « 25.750 », plus loin encore « 1842 »,
« Calixte, Angers, Léopoldine, Château-Thierry »,
« etc... etc..., sans *jamais se tromper* et sans
« dévier d'une ligne, de la raie tracée à la craie.
« Phénomènes de suggestion directe.

« Trois Messieurs sont à une table chargée de
« trois verres à moitié pleins d'absinthe, une
« carafe d'eau et un carafon de sirop.

« Sur l'appel *mental* de l'un d'eux, la « Voyante »
« circule autour des tables, décrivant des cercles,
« puis, elle s'arrête, promène sa main sur la table
« sans rien renverser, prend le carafon et verse
« du sirop dans un des verres.

« — Etait-ce là votre désir? demande M. de
« Lafontaine.

« — Parfaitement! répondent en chœur, les jeu-
« nes gens stupéfaits.

« Et d'autres et d'autres encore!

« Je conclus que « ce sujet » là ne vous laisse
« aucun doute ; c'est bien une névrosée comme cel-
« les dont se sert le colonel de Rochas et les doc-
« teurs de l'hôpital de la Salpêtrière, à Paris.

« Ces expériences sont très intéressantes à obser-
« ver et comme M. de Lafontaine varie son pro-
« gramme, j'espère bien y retourner avant son
« départ de Marseille.

« Signé : PÉRINETTE. »

Extrait du journal « *les Pyramides* » du 29 décembre 1903, au Caire (Egypte) :

« **Au Cercle français.** — M. de Lafontaine, le
« conférencier, expérimentateur bien connu, qui
« avait déjà donné, mercredi dernier, dans les
« salons du Cercle artistique, une intéressante soi-
« rée, à laquelle assistaient de hautes personnali-
« tés du Caire et le secrétaire particulier du vice-
« roi, Brewster bey, avait convoqué, hier après-
« midi, les membres du Cercle français et leurs
« familles, à assister à une série d'expériences de
« transmission de pensées et de suggestion hypno-
« tique.

« Dès trois heures, une foule nombreuse, où l'on
« remarquait beaucoup de dames, se pressait dans
« la grande salle du Cercle.

« Notés au hasard dans l'assistance : M. E. Ber-
« trand, consul de France à Damas ; M. Le Mallier,
« consul suppléant au Caire ; MM. Privat, Paul
« Oziol, députés de la nation Française, comte de
« Sérionne, prince d'Aremberg, etc..., etc..., la
« plupart accompagnés de leurs dames.

« Les expériences qui se sont prolongées jusqu'à
« sept heures ont été particulièrement intéressan-
« tes.

« Ce sont questions passionnantes que celles
« qui touchent à l'hypnotisme et c'est devant
« un auditoire vivement ému, souvent haletant,
« que M. de Lafontaine a renouvelé les fameu-

« ses créations de Donato, Cumberland, etc..., etc..

« Disons tout de suite que le sujet de M. de Lafon-
« taine, admirablement entraîné, obéit avec une
« aisance et une sûreté surprenante.

« *La lutte de cette jeune femme, rendue invin-*
« *cible par la suggestion,* contre les plus muselés
« de nos Cairotes du Cercle, a eu un vif succès.

« Les dames ont applaudi à cette victoire momen-
« tanée du féminisme, — il est vrai qu'un enfant,
« qui n'avait ni les ailes ni le carquois de Cupidon,
« a fait plier les genoux à l'athlète improvisé. —
« Notre revanche.

« La séance s'est terminée par des prédictions
« sentimentales suffisamment comiques et M. de
« Lafontaine, *qui a trouvé des collaborateurs*
« novices dans l'assistance, nous a fait passer quel-
« ques heures charmantes dans ce monde des for-
« ces inconnues et des puissances mystérieuses.

« Signé : ALBAN DE PALLADRU. »

Le narrateur fait allusion dans l'article ci-dessus
à l'expérience de « **Catalepsie droite** » que je
produisis souvent dans l'enceinte de l'exposition
de Paris, en 1900 ; et que j'eus l'honneur de renou-
veler au Cercle français du Caire, il s'agit, en l'espèce, de l'état suivant :

Je plonge Madame Myralda dans la catalepsie
totale, rigide, les pieds bien joints, je la laisse
debout devant l'assistance, endormie profondément, bien entendu ; je prie les personnes robustes

qui m'environnent de venir s'arc-bouter et *pous-*
ser de toutes leurs forces de façon à faire reculer
mon sujet, ne serait-ce que de l'épaisseur d'un
cheveu, — entreparenthèse, je me suis adressé un
jour, sans m'en douter, à Panay Coutallianos, le
fameux athlète hellène, l'un des hommes les plus
forts du monde, — eh bien ! malgré les efforts
inouïs, surhumains, de ces personnes si fortes, le
sujet ne broncha jamais d'un quart de millimètre,
je produis quotidiennement ce phénomène sans
pouvoir expliquer le « pourquoi » de cette
chose.

Ce que je sais, c'est qu'après avoir plongé mon
sujet dans l'état cataleptique total, je lui fais à
haute voix la suggestion suivante : « Madame,
« vous êtes très forte, plus forte que qui que ce
« soit dans l'assistance ; plusieurs personnes vont
« venir ici, elles feront de grands efforts, des
« efforts inouïs, mais des efforts vains. — Votre
« visage ne changera pas d'expression, vous êtes
« pâle, vous resterez pâle, pas un muscle de votre
« figure ne trahira la moindre fatigue, vous ne
« souffrirez pas, car vous ne travaillerez pas. —
« Quels que soient les efforts que l'on fera, on ne
« pourra vous faire reculer d'ici, car vous êtes
« plus forte que Paul Pons lui-même ; *vous êtes*
« *douée d'une force herculéenne !* »

Je livre alors le sujet aux efforts simultanés
des « forts-en-bras », dont l'énergie et la vigueur
viennent se briser contre la force factice, mais

invincible, de la petite Myralda, frêle créole de l'île Maurice.

Au bout d'une dizaine de minutes, je souffle vigoureusement sur les yeux, la tête, le derrière du crâne de mon sujet, et alors, mais seulement alors, une personne ordinaire de l'assistance pourrait le porter à bras tendu et agir avec lui comme avec un enfant.

Cette expérience fatigue cependant assez le sujet pour que j'hésite à la produire souvent. C'est qu'il reste, en effet, une courbature, après le phénomène obtenu, légère, il est vrai, mais courbature...

Une expérience curieuse et qui ne fatigue pas le sujet est celle que je dénomme « *la lecture sympathique* » et dont « Perrinette », du « Littoral mondain », parle dans un article ci-dessus énoncé. Ayant prié un spectateur de lire une phrase dans un volume quelconque et de me faire voir cette phrase, j'attire l'attention de mon sujet en frappant une fois dans mes mains, et, sans nulle hésitation, sans jamais se tromper, il vient ouvrir le volume à l'endroit précis où l'on a lu la phrase, et la lit (le livre tourné *sens dessus dessous*) avec la plus grande aisance, tout en ayant les yeux bandés.

C'est là, certainement, un des phénomènes les plus étranges d'hyperacuité de la faculté visuelle, dont l'explication physiologique est encore à trouver.

MES MOYENS

Du choix des Sujets

Tout d'abord, je commence à me rendre compte si je puis avoir une influence immédiate, rapide, sur les personnes qui me semblent aptes à me servir de sujets. — (Je parle ici pour mes séances publiques.) Je choisis de préférence les personnes pâles, aux traits un peu fatigués, aux yeux battus, cernés. Les personnes dont le système nerveux domine le système sanguin, aux nerfs plutôt malades que vigoureux; je choisis de préférence les personnes frêles, à la santé me semblant délicate ou laissant à désirer, de préférence des demoiselles ou des dames jeunes.

Ayant ainsi fait mon choix, je soumets chacune des personnes retenues à différentes épreuves.

Je prie la première personne de se tenir debout, le dos tourné à l'assistance, à laquelle je recommande le plus profond silence et surtout nul chuchottement d'appréciation ou de critique, qui pourrait distraire mon pseudo-sujet; je me tiens moi-même *derrière lui*.

J'invite celui-ci à réunir les pieds (les tenir bien joints), les mains dans « le rang », collées au corps, la tête haute et bien d'aplomb; je le prie de fixer un point quelconque au plafond, ou bien un point imaginaire.

J'adresse alors à la personne que j'ai l'intention

de soumettre à mes expériences (se tenant dans cette position), le discours suivant :

« Vous allez fixer un point au plafond, toujours le même ; au bout d'un instant, il se manifestera une force que je ne puis définir, mais qui existe ; une force qui vous attirera en arrière, absolument comme si je vous tirais moi-même effectivement par les épaules ; cependant, quand cette force se manifestera, je ne vous toucherai plus depuis un instant. — Si vous vous sentez réellement attiré en arrière, n'ayez nulle crainte, abandonnez-vous complètement, vous tomberez sur moi, je vous retiendrai, ne craignez rien ; il est absolument nécessaire que cette force se manifeste pour que je puisse ensuite opérer sur vous avec chance de réussite. »

Ayant tenu, à voix douce, ce petit raisonnement, j'applique *ma main droite, très légèrement*, sur le crâne de mon sujet (tout entière et bien à plat au sommet de la tête).

J'applique en même temps le bout des doigts de ma main gauche à la base du cervelet, avec une pression assez forte.

Je lève la tête et fixe *énergiquement* le plafond, en m'imaginant remarquer le même point que mon sujet.

Je fais un grand effort de volonté en *pensant* attirer cette personne en arrière ; au bout de deux ou trois minutes de cette façon d'agir, j'enlève mes mains *tout doucement*, de manière insensible, et ensuite, assez vigoureusement, j'applique le bout de mes doigts sur ses tempes et les pouces à la base de son cervelet ; je lève alors mes deux coudes à la hauteur de ses oreilles, en pensant énergiquement : « tombez en arrière ! n'ayez nulle crainte, je vous retiendrai. »

Le sujet résiste un instant, puis, tout à coup, on le voit tomber « raide » dans mes bras, tout droit.

Le sujet, dans ce cas, peut subir mon influence, et je n'hésite pas à le retenir pour la suite de mes expériences.

J'agis de même avec chacune des autres personnes sur lesquelles je dois expérimenter, ne conservant, bien entendu, que celles sur lesquelles le phénomène de recul s'est produit.

Il arrive souvent, quand on a affaire à des personnes que l'on ne connait pas, que parmi elles se trouvent des individus de mauvaise foi qui tentent de vous mystifier et qui y réussissent trop souvent ; il en est qui font exprès de tomber en arrière sans avoir ressenti la force magnétique qui les y invite, et d'autres, au contraire, sur lesquels cette force se manifeste et qui résistent en se penchant en avant pour ne pas être obligés ou de reculer ou de tomber en arrière ; pour les premiers il n'existe aucun moyen, à ma connaissance, de reconnaître leur mauvaise foi, mais pour les seconds, c'est-à-dire pour ceux qui résistent, c'est très facile et voici le moyen que j'emploie pour les confondre devant l'assistance : je me munis, avant la séance, et à leur insu, d'un petit crochet

(une épingle recourbée peut être préparée sur le
champ et servir à cet effet), j'accroche *tout doucement* ce petit instrument dans leur dos, épinglé
à leur vêtement, et je tire « crescendo », à la vue
de tout le monde, *ostensiblement*, sur mon crochet; on voit le vêtement qui se tend alors sous
l'attraction effective que j'imprime et l'individu
ne manifestant aucun recul *devant cette force
réelle*, qu'il doit prendre lui-même, au fond, pour
la force imaginaire, fluidique que je lui ai annon-
cée dans le début de l'expérience, est alors convaincu de *mauvais vouloir*, c'est-à-dire ne s'abandonnant pas absolument à l'opérateur; il est certain que si on avait affaire à une personne qui
aurait déjà été magnétisée par vous-même ou un
autre hypnotiseur, elle ne pourrait résister, sa
volonté l'abandonnant réellement dès le début de
vos pratiques; mais dans le cas qui nous occupe,
il est avéré également que vous ne pouvez rien si
la personne ne se prête franchement à vos désirs,
à moins qu'elle ne soit anémiée, névrosée, hystérique, etc...

Il faut donc que les personnes sur lesquelles
vous vous proposez d'opérer soient d'une absolue bonne foi ou *qu'elles aient intérêt* à l'être.

DE LA SUGGESTION MENTALE PAR CONTACT

Je divise les expériences de suggestion *mentale*
en trois parties, ou plus exactement j'opère par
trois moyens différents.

Le premier moyen est celui que je dénomme : *le contact*.

D'abord, comme principe élémentaire, je m'empresse de recouvrir le visage de la personne qui doit servir de sujet, avec un épais bandeau, au moment précis où je dois expérimenter.

J'applique donc ce bandeau sur les yeux, en serrant suffisamment fort, pour intercepter tout rayon visuel, sans gêner les ailes du nez.

Je considère que ce bandeau est d'une utilité absolue dans presque toutes les expériences hypnotiques avoisinant la troisième phase.

Après plusieurs « passes magnétiques » que j'essayerai de vous expliquer plus loin, passes qui me servent à influencer mon sujet *à l'état de veille encore*, c'est-à-dire sans essayer de produire le sommeil profond, le laissant, au contraire, dans l'état de demi-somnolence, entre le deuxième et le troisième degré des phases hypnotiques, *lui laissant tout son libre arbitre*, et même la faculté de parler, d'exprimer une pensée (ce dont cependant il s'abstiendra le plus possible), je lui dis à voix peu élevée mais impérative : « vous allez vous abandonner complètement, n'avoir plus aucune volonté, ne plus penser à rien, bien fermer les yeux sous votre bandeau, *avec effort;* je vais ensuite m'inspirer du conseil des personnes qui nous environnent, on va me désigner ici, un objet auquel je penserai après cela, et que vous devrez aller prendre sans aucune hésitation. »

Ceci dit, je vais parmi les assistants et nous convenons de l'objet à prendre ou de l'action à accomplir par notre sujet.

Revenant vers celui-ci, j'ajoute : « Je pense à un « objet qui se trouve dans ce salon ou dans une « pièce voisine, veuillez aller vous saisir de lui, « marchez très lentement, mais sûrement, vous « allez sentir un « je ne sais quoi » vous indiquant « la direction que je désire que vous preniez pour « vous rendre vers cet objet, marchez donc, vous « *ne pouvez vous tromper* ; faites mouvoir votre « bras droit, cherchez à prendre ce quelque chose « auquel je pense ; vous allez rencontrer sous vos « doigts maints objets, mais vous ne prendrez que « celui que l'instinct vous dira de saisir, mar-« chez...... »

Tout en tenant cet avis, je pose très doucement, imperceptiblement, ma main droite sur le sommet du crâne de mon sujet, frôlant plutôt légèrement les cheveux, la main arrondie de façon à ce que mon petit doigt touche un peu la tempe droite, et le pouce la tempe gauche.

Je me tiens, par conséquent, derrière cette personne.

Je fixe, si possible, la direction dans laquelle je désire qu'elle s'engage, l'exhortant toujours à marcher *lentement* et à faire mouvoir sa main droite, comme un aveugle qui chercherait à tâtons, un objet quelconque.

Vous serez étonné vous-même de la promptitude

et de l'assurance avec lesquelles votre sujet accomplira votre pensée dans ce sens.

Il est bien entendu que vous réussirez dans la proportion de sept personnes sur dix, et non pas avec toutes.

Avec un peu « d'entraînement », ça ira tout seul. — Opérez autant que possible avec le même sujet; cela vous encouragera, étant donné les premiers résultats que vous obtiendrez sûrement, si je me suis expliqué assez clairement pour que vous ayiez bien compris cette méthode, à propos de cette petite expérience que vous pouvez faire dans tous les salons et avec beaucoup de personnes *choisies*.

Si votre sujet est un peu récalcitrant, ou que le résultat laisse à désirer, soit comme promptitude, soit comme exécution, employez cet autre moyen suivant et si alors vous ne réussissez pas, abandonnez votre sujet et prenez en un autre, c'est qu'il n'y a rien ou peu de chose à faire avec lui.

Invitez-le à prendre avec sa main gauche, l'*index* de votre main droite, en serrant votre doigt constamment, avec vigueur. — Observez-vous bien, de façon à ne pas trahir (par un mouvement involontaire de votre doigt) le but que vous vous êtes proposé de faire atteindre, contentez-vous réellement *de bien penser*, et il y a mille chances que vous réussissiez.

Cette dernière phrase a une importance capitale... tout est là, il s'agit de *savoir* penser.

COMMENT L'ON DOIT PENSER

Pour me faire comprendre le mieux possible du lecteur, je me permettrai, sans faire de phrase, de prendre un exemple : supposons que le sujet soit au milieu de votre salon, tournant le dos à la porte d'entrée, que vous ayez convenu avec les assistants qu'il doive aller prendre un chapeau accroché à la muraille, à droite dudit salon, et transporter ensuite cet objet sur la tête d'une personne à votre gauche.

Voici le moyen ou plutôt la façon dont vous devez *conduire mentalement* votre sujet :

« Avancez *doucement*, encore... encore... toujours en avant... halte ! tournez *lentement* sur votre droite, bien !... maintenant avancez... encore... encore un peu... halte ! étendez le bras droit... cherchez lentement... plus haut... un peu plus haut... à droite, à droite, halte !... ouvrez la main... *serrez les doigts*... tenez les doigts serrés, la main fermée... Tournez sur votre gauche... bien !... marchez, encore... encore... halte ! »

(Ceci dit *mentalement* devant la personne sur la tête de laquelle le chapeau devra être posé).

« Bien !... levez un peu le bras... un peu à gauche... halte ! ouvrez les doigts, ouvrez votre main... » — C'est fini, le chapeau a été pris comme vous le désiriez et posé où vous désiriez qu'il le fut.

Et toute cette expérience qui comporte infiniment de situations différentes, doit être conduite, ainsi, quand il s'agit de « contact ».

Vous remarquez bien, n'est-ce pas, qu'à aucun moment je n'ai pensé comme ceci : « allez prendre ce chapeau qui est pendu à ce porte-manteau... et portez-le à tel endroit ».

Si j'avais pensé ainsi, en essayant de transmettre ma pensée à un sujet choisi « impromptu », il est probable que j'aurais couru à un insuccès.

Supposons maintenant qu'il s'agisse d'aller donner une giffle à une personne de l'assistance (petite giffle sans importance, bien entendu, presqu'une caresse, surtout si le sujet est une charmante demoiselle), comment devez-vous penser ?

Voici : « allez à votre droite, encore... encore... halte ! »

— (Vous vous trouvez alors, je suppose, devant la personne qu'il s'agit de giffler) et qui se trouve assise).

« Eloignez votre bras droit, encore... encore... « ouvrez votre main, bien !... ramenez vive- « ment votre main sur la gauche, allons... sec !...

Pan ! la giffle est donnée, avec le dégré d'énergie que vous désirez ; votre propre instruction, votre habitude de pratiquer, vous mesurera cette énergie.

S'agit-il de faire embrasser quelqu'un ? pensez comme ceci : « Avancez dans telle direction... « bien !... penchez la tête sur votre gauche... « encore... avancez vos lèvres... embrassez...

Et le sujet embrasse la personne indiquée.

Voici bien une récréation inoffensive que vous pourrez produire, entre amis, dans n'importe quel salon, et toujours à votre disposition.

Tout ce que je viens de décrire s'obtient par le « **contact** », en pratiquant de différentes façons ; je connais des hypnotiseurs qui se contentent de mettre un doigt sur la tempe de leur sujet, et pensent ensuite...; ce moyen est également bon ; — d'autres qui mettent une main sur l'épaule... il y a trente-six moyens de procéder par contact, c'est à vous de trouver celui qui vous réussira le plus commodément.

En fort peu de temps de pratique, vous adopterez celui qui vous paraîtra influencer le mieux, les différentes personnes qui se soumettront à vos expériences et puis vous n'en changerez plus, dans l'intérêt de votre « entraînement » sur cette matière et sur ce procédé.

Je crois avoir exposé suffisamment ce que l'on entend par « *suggestion mentale par contact* ».

DEMI-CONTACT

Quand vous aurez exercé pendant un certain temps *avec un même sujet*, en vous servant du « contact » ; vous prendrez une montre avec sa chaîne. — Vous prendrez la montre à pleine-main (dans votre main droite) vous mettrez l'extrémité de la chaîne dans la main gauche de votre sujet, et vous vous observez bien, de façon à ne tirer cette chaîne ni à gauche, ni à droite; la chaîne, par conséquent, ne sera jamais tendue, à aucun moment de votre expérience.

Vous pensez ensuite aux différentes directions que le sujet devra prendre pour se rendre au but que vous lui aurez assigné *mentalement*, dans l'ordre et la manière indiquée au chapitre « du contact ».

Et le résultat sera le même, sinon aussi rapide. Si cette expérience vous réussit bien, prenez alors un cheveu d'une dame (ou bien deux cheveux noués ensemble). Pratiquez de la même façon et le résultat sera identique.

A l'aide de ce ou ces cheveux qui n'en forment qu'un, vous établissez un contact à peine perceptible et le sujet s'inspire des vibrations fluidiques qui traversent ces différentes matières pour influencer son cerveau.

Quand vous êtes capable de produire ces expériences, sans difficulté ni hésitation, alors vous êtes mûr pour exercer *sans « contact »*.

SANS CONTACT

Voici la haute difficulté qu'il s'agit que vous arriviez à vaincre, pratiquez donc de la manière suivante, c'est la méthode dont je me sers moi-même presque chaque jour ;

Restez derrière votre sujet, à environ 1 mètre 50 ;

si vous pensez que celui-ci doive se rendre dans une direction en avant de vous-même, écartez légèrement vos pieds, bien équerre, levez la tête haute, le front altier, regardez au loin et énergiquement, sans pour cela faire des yeux terribles! ce qui est absolument inutile... le sujet (si celui-ci vous fait vis-à-vis) tournera sur lui-même et se rendra lentement dans la direction indiquée mentalement... arrivé au but, vous pensez: « halte! » tournez à droite ou à gauche »; approchez-vous de lui, toujours à une distance raisonnable ne dépassant pas deux mètres, toutefois.

Si le sujet met la main sur l'objet auquel vous pensez, dites, en vous-même, énergiquement: « oui! c'est ça! » dans le cas contraire pensez: Non, lâchez ça! non! non! ce n'est pas ça...

Le sujet sentira qu'il doit lâcher cet objet-ci et prendre celui-là.

C'est une question d'habitude, de pratique avec *un même sujet.*

Si la direction que celui-ci doit prendre doit être derrière vous, empressez-vous de joindre vos deux pieds et de baisser vos yeux, voire même votre tête, en pensant: « Allez derrière moi... derrière moi... »; le sujet s'y rendra, en effet, et alors, vous retournant dans sa direction, vous remettez vos pieds en équerre et pensez comme précédemment...

Avec un peu de pratique, d'exercice, cette façon d'opérer sera pour vous un jeu, d'une faci-

lité plus grande qu'avec le « contact » lui-même.
N'oubliez surtout pas de bander les yeux de votre
sujet jusqu'à la hauteur des narines ou la naissance
de la bouche.

SUGGESTION A DISTANCE

(Sommeil profond)

Quand vous êtes parvenu à *vous faire un sujet*,
vous l'endormez profondément grâce aux « passes »
magnétiques décrites plus loin. — Alors vous lui
faites de la suggestion à voix haute et impérative,
comme l'indique la méthode du docteur Bernheim, que j'ai exposée plus haut dans le cours de
cette brochure.

CONSULTATIONS SOMNAMBULIQUES

Ayant endormi votre sujet et vous étant assuré
d'avoir obtenu la troisième phase de l'hypnose par
l'ouverture (pleine de précautions) de la paupière,
c'est-à-dire en apercevant l'œil prêt à se cacher
sous l'arcade sourcilière. — Le sujet étant assis
commodément sur une chaise ou un fauteuil, et
lui ayant, aussitôt le sommeil obtenu, posé un
bandeau sur le visage, vous faites asseoir la personne consultante vis-à-vis de lui. — Cette personne, avec sa main droite, prendra la main
gauche du « somnambule », lui prendra les deux

genoux entre les siens et les serrera assez vigoureusement, sans se fatiguer cependant.

Elle sera la première à entamer la conversation. Ainsi, par exemple :

— Vous me voyez ?

— Oui, dira le sujet.

— Transportez-vous (je suppose) à Paris, rue de Rivoli, au n° 25.

— J'y suis.

— Montez au deuxième étage, porte à droite ; entrez dans les appartements. Que voyez-vous ?

— Je vois d'abord une porte sur laquelle se trouve une plaque bleue ; il y a dessus un nom écrit en lettres blanches.

— Bien ! Maintenant, entrez. Que voyez-vous ?

— Je vois une dame âgée portant des lunettes cerclées d'or, coiffée de telle ou telle façon, etc... etc...

— Cette femme a-t-elle des enfants ? En voyez-vous chez elle ?

— Oui ! J'en vois trois, deux filles et un garçon ; la couleur de leurs cheveux est de telle nuance, etc...

Vous pouvez obliger votre sujet à vous définir tout et à voir beaucoup de choses pleines d'intérêt pour vous.

S'il s'agissait de quelque objet perdu ou volé, vous commenceriez par lui parler de la personne qui aurait subi cette perte, au moment où celle-ci aurait eu lieu. Par exemple, ainsi :

— Vous voyez telle personne, vêtue de telle façon, Madame ou Monsieur un. tel... vous la voyez, n'est-ce pas, dans telle ville ou à tel endroit?

— Oui, répond le sujet.

— Bien. Transportez-vous à quinze jours en arrière, à tel endroit ; voyez-vous ce Monsieur ou cette dame, ne perd-elle pas quelque chose ?

— Oui ! C'est une bague, une bague où se trouve encerclée une turquoise. Cette dame a placé son bijou sur un guéridon, mais elle ne l'a pas perdu, on lui a volé... Je vois une domestique vêtue de telle façon, ayant telle physionomie, qui s'introduit dans cet appartement, etc..., etc..., etc...

Le sujet, toutefois, ne peut accuser quelqu'un par son nom propre ou prénom, il ne peut que dépeindre les gens ou les situations différentes.

Cela reviendrait, comme comparaison, à ceci : Vous voyez passer dans la rue une personne quelconque, de vous inconnue, l'on vous demande comment se nomme cette personne, vous ne pouvez le dire, mais vous pouvez parfaitement nous la dépeindre de façon à ce que nous la reconnaissions nous-même si nous avons eu quelque affaire avec elle, ou qu'elle soit de nos parents.

Vous ne pouvez demander à votre sujet que des choses que vous soyez capable, vous-même, d'exécuter, et *l'aider* autant que possible dans ses recherches, par vos paroles, vos encouragements, voire même vos renseignements, reflets de vos propres sentiments. Vous ne devez jamais essayer

de l'embarrasser, car vous le fatigueriez bien inu-
tilement et gratuitement.

Ne lui posez pas non plus de questions inutiles,
par exemple, comme celle-ci : « Comment se
nomme ma mère ? » — « Combien d'argent ai-je
dans ma poche ? » etc... ; ne lui demandez que des
choses qui vous intéressent absolument, comme
santé ou intérêts matériels et dont vous *ignorez*
personnellement la réponse à faire ; si vous avez
réellement *un sujet*, soyez également vis-à-vis de
lui plein de courtoisie et *de franchise*.

LES PASSES MAGNÉTIQUES

OU

EXCITATIONS SENSORIELLES

Je n'endors jamais une personne en la fixant
dans les yeux, toute ma force réside dans mes
« *passes* » et dans la façon dont je touche certaines
parties du crâne.

Je commence par faire asseoir mon sujet sur
une chaise ou fauteuil dont le dossier soit assez
élevé pour lui permettre de tenir la tête appuyée
commodément pendant son futur sommeil.

J'aurai placé ce siège, au préalable, dans le
milieu du salon, m'arrangeant de façon à ce que
cette personne ait le *dos tourné* à la lumière et

que mon visage soit, au contraire, bien éclairé.

La lumière ne doit pas être très vive dans le salon, malgré cela ; les fenêtres ou portes doivent être fermées, aucun bruit ne doit venir du dehors ; autant que possible il faut très peu de personnes assistant à ces débuts. Surtout aucun chuchottement de la part de celles-ci, nulle réflexion.

Les mains du sujet sont jointes sur ses genoux, je lui dis, une fois seulement, et tranquillement, sans élever la voix ; *bien naturellement* :

« Je vais vous endormir... essayez de dormir, faites tous vos efforts pour avoir envie de dormir. »

Je me place *devant* la personne à endormir, la fixant, à un mètre environ de distance, en plein dans les yeux ; ma main gauche étendue en avant, le dessus de ma main face à la terre ; la *paume* de ma main un peu au-dessous de la ligne du visage et à distance, bien entendu.

Je dois, avant de continuer, vous dire que, comme principe élémentaire, vous ne devez jamais perdre de vue que le *dedans* des mains *endort*, et le *dessus éveille* ; qu'à aucun moment de vos pratiques vous ne devez, ne serait-ce qu'une seconde, commettre l'erreur de faillir à ce principe, sous peine de perdre tout le bénéfice de votre travail, du terrain acquis ; qu'il ne faut, en tous cas, jamais vous décourager et que le sommeil peut venir, en général, au bout de 40 minutes et *souvent plus*.

Donc, le **dessus des mains éveille** ; les

paumes des mains endorment; observez-vous bien scrupuleusement.

• • • • • • • • • • • • • •

Je reprends mon instruction :

Ma main gauche étant tendue en avant, comme je viens de l'indiquer, je la lève doucement jusqu'à la tempe du sujet, et pose le bout de mes doigts très délicatement sur cette tempe.

Au bout de quelque secondes, je lève ma main droite absolument dans les mêmes conditions, le dessus de la main toujours *bien en dehors*, et pose le bout de mes doigts sur la tempe droite du sujet ; je cherche doucement à sentir sous mes doigts la pulsation des artères, et j'appuie de plus en plus fort, sans « à coup » et, naturellement, sans faire de mal à la personne.

Après une pression douce de quelques instants (une minute environ) je fais passer le bout de mes doigts, à la base du cervelet et les pouces viennent remplacer ces doigts, sur les tempes ; je serre la base du crâne assez vigoureusement. — Mes mains entourant la tête (si je puis m'exprimer ainsi, pour me faire mieux comprendre).

Je fixe ardemment mon sujet, pendant ces premiers attouchements, je ne pense cependant pas encore : « dormez ! ».

J'enlève *lentement* ma main droite de la position qu'elle occupe sur le crâne du sujet et la fait passer arrondie, très souple, très lente, caressante pour ainsi dire, au-dessus de la tête et sur le côté

8.

droit de celle-ci, par conséquent à ma gauche, à moi ; le tout d'un *seul mouvement lent*, enveloppant.

Ma main droite part donc de la base du crâne, passe au dessus de la tête, puis devant l'œil droit, le côté droit du nez, le côté droit de la bouche et va se perdre sur le côté gauche du sujet à la hauteur de son menton, — A partir de là, ma main droite dont la paume est sans cesse tournée du côté du visage du sujet, va tomber dans un mouvement *lent et souple*, jusque derrière moi-même.

Avant d'arriver derrière moi, ma main a *tendance* à se fermer et de plus en plus, pour se trouver fermée complètement quand elle est disparue derrière moi ; étant ainsi fermée, je l'ouvre *brusquement* et secoue mes doigts, comme si je donnais une pichenette ; je l'ouvre et la ferme plusieurs fois dans ces mêmes conditions ; afin de chasser le fluide du bout de mes doigts, fluide dont ma main s'est chargée dans son opération et qui appartient au sujet.

· Ayant ainsi jeté ce fluide, je ramène toujours lentement dans un geste toujours *souple* et *arrondi*, ma main droite à la hauteur de la tempe gauche du sujet, faisant le simulacre de toucher à cette tempe comme précédemment, n'y touchant plus, cependant ; je continue donc le mouvement *de retour* de ma main, avec un imperceptible arrêt à la tempe et fais passer mes doigts arrondis sans toucher jamais (maintenant) autour du crâne de la façon décrite ci-dessus, c'est-à-dire un peu au dessus du cerveau, sur la droite de la tête, sur la droite de l'œil; puis du nez, enfin de la bouche et la chute de ma main s'opère à nouveau pour disparaître derrière moi afin d'y jeter « son fluide ».

Et ainsi de suite pour le rôle de cette main droite.

Pendant le travail de celle-ci, comme je viens de la définir, la main gauche occupe donc toujours sa position première, c'est-à-dire que le pouce se trouve placé sur la tempe droite du sujet et le bout des doigts sur la base du cervelet (derrière la tête par conséquent).

Après une série de 7 ou 8 passes exécutées par la *main droite*, dans les conditions indiquées ci-dessus, la main gauche se dégage lentement, *imperceptiblement* (de façon que le sujet ne *s'en aperçoive pour ainsi dire pas*), elle passe alors, arrondie, souple, caressante, sur le côté gauche de la tête du sujet, passe à un demi centimètre du front, en une volute gracieuse et douce et revient dans la direction du nez sur son côté droit, pour ensuite tomber lentement dans les mêmes conditions que le bras droit; la main se déchargeant de son fluide, par les mêmes procédés que la droite.

Dans le mouvement régulier, uniforme, que les deux mains exécutent *en même temps*, on remarquera que: la main gauche, se trouvant à environ 1 centimètre du crâne, passe *sous* la main droite; que les deux mains se *croisent* à la hauteur des yeux (devant les yeux), en forme d'aile d'oiseau, se séparant à ce moment-là en une volute calme, lente et gracieuse à côté des deux joues, pour tomber lentement, chacune de leur côté dans la mode indiquée plus haut pour aller jeter leur fluide magnétique derrière l'opérateur, et revenir pratiquer sur la tête autant de fois qu'il est nécessaire.

Tout ce qui précède est accompli dans le but d'habituer le sujet, de le prédisposer au sommeil qui ne peut encore être obtenu avec ces simples pratiques.

On l'obtiendra seulement quand on opérera derrière lui.

Donc, cher lecteur, faites bien attention aux recommandations suivantes :

Quand vous aurez exécuté une vingtaine de passes et *même davantage* devant votre sujet, prenez-lui les deux tempes avec votre main gauche, le pouce sur la tempe gauche et l'index sur la tempe droite, de façon à lui masquer les yeux, pendant que votre main droite continuera ses mouvements magnétiques, exécutant *seule* une dizaine de « passes », *tournez lentement sur votre côté droit*, en maintenant toujours les tempes de votre sujet, avec une pression très douce ; tout en exécutant vos « passes » avec la main droite, arrangez-vous de façon, au bout d'un moment de votre mouvement tournant, à vous trouver placé *derrière* votre sujet. — Occupant exàctement la même position que celle que vous aviez *par devant*; retirez lentement, *excessivement lentement*, votre main gauche et graduellement amenez-la à coopérer avec la main droite, pour reproduire les « passes » magnétiques doubles que vous produisiez précédemment quand vous étiez devant le sujet.

C'est par ces « passes » que vous exécuterez *par derrière*, **en frôlant très légèrement les cheveux** sur la tête et ses côtés, que vous parviendrez aux résultats qui font le sujet de cette explication.

Au bout de 20 ou 25 minutes de ce travail, derrière la personne que vous désirez endormir, vous reprenez votre mouvement tournant, toujours dans la direction de gauche à droite, et toujours en exécutant les « passes » avec vos deux mains; vous marchez insensiblement, de façon à vous retrouver au bout de quelques minutes, devant votre sujet comme au point de départ.

Si alors, vous constatez que vous n'avez encore obtenu le sommeil que vous désirez produire, passez *doucement* vos pouces, d'un mouvement lent et souple *sur les paupières* de votre sujet, de gauche à droite, afin d'obtenir leur occlusion; ceci fait, recommencez toutes vos « passes » comme si vous étiez au début de l'expérience.

Continuez ainsi longtemps, une heure si cela est nécessaire, mais votre persévérance sera finalement couronnée de succès.

Je ne me dissimule pas que mes explications peuvent vous paraître confuses, mais il est beaucoup plus difficile de vous apprendre cela théoriquement, que pratiquement; par la théorie, si sincères que soient ces explications, animées du désir de vous instruire, il vous faut quelques semaines *d'exercice sur un sujet* pour arriver même à nous comprendre, mais si j'avais l'honneur de pouvoir *pratiquer* devant vous, il suffirait de trois ou quatre jours pour obtenir un résultat certain.

FIXATION D'UN OBJET BRILLANT

Si, après avoir employé les « passes magnétiques » vous n'avez rien pu obtenir sur le sujet que vous désiriez endormir, vous pouvez expérimenter, (un autre jour) avec le système préconisé par Braid.

Vous prenez une petite latte en bois, d'un mètre cinquante de longueur environ, puis vous clouez l'extrémité de cette latte sur un meuble élevé, de façon à ce que l'autre extrémité puisse s'étendre sur l'intérieur de la pièce où vous vous trouvez; vous avez mis, au préalable, un piton fermé à cette extrémité de la latte. — Vous attachez ensuite avec un bout de fil d'une longueur de 3 à 4 mètres, un objet à facette, très brillant, — (un bouchon de carafe en cristal peut bien faire l'affaire); vous passez ce bout de fil dans le piton qui sert alors de petite poulie et vous suspendez ainsi votre objet brillant, à la hauteur que vous désirez.

Ceci fait, vous invitez votre sujet à s'asseoir commodément, la tête appuyée au dossier de son fauteuil, et vous faites descendre l'objet brillant jusqu'à un demi-centimètre de ces yeux, entre le front et la naissance du nez, de façon à le faire loucher en dedans; invitez-le à fixer cet objet constamment jusqu'à ce que le sommeil s'en suive. Au bout de vingt ou vingt-cinq minutes le résultat sera satisfaisant, au point de vue *sommeil*, mais vous ne pourrez, vous même, faire de suggestion, car vous n'aurez pas endormi votre sujet par vos propres mains, il subit alors l'influence d'un corps neutre; vous n'avez provoqué que le pur sommeil qui pourrait être utile dans une opération chirurgicale.

Mais quand vous l'aurez obtenu, il vous sera extrêmement facile de le reproduire par vos propres moyens, c'est-à-dire « les passes ».

Cette expérience aura, tout simplement, disposé plus favorablement le sujet à subir votre influence et lui aura occasionné, probablement, quelques maux de tête ou migraine ; c'est pour cela que lorsque l'on peut s'en dispenser, il vaut mieux opérer à l'aide des principes du magnétisme animal.

DU RÉVEIL

On a cru longtemps qu'il était difficile de réveiller une personne plongée dans le sommeil hypnotique. C'était une erreur dont l'expérience a fait justice. — Pour réveiller le sujet magnétisé, il suffit généralement de lui dire : « Je vais vous réveiller », et s'approchant de lui, on lui souffle légèrement sur les yeux, en lui tenant un peu la tête par les tempes et ensuite *en faisant de grandes « passes »* où l'on s'applique à présenter surtout le dessus des mains; de *grandes passes brusques et sèches, comme des soufflets.* — On peut remplacer le souffle de la bouche par celui d'un soufflet, ou en projetant quelques gouttes d'eau sur son front.

Chez les hystériques, si ces moyens restent sans effet, on presse vigoureusement sur la région ovarienne.

En principe une personne magnétisée se réveillerait d'elle-même si le magnétiseur ne l'avait mise qu'*en état de somnambulisme.*

Le sujet, une fois réveillé, se frotte les yeux, ne fait entendre aucune plainte, ne prétend pas avoir ressenti la plus légère fatigue et n'a aucune conscience de ce qui a été dit et fait, ni du temps qui s'est écoulé pendant l'expérience.

Le véritable danger de l'hypnotisme ne réside en réalité que dans le pouvoir que l'expérimentateur

peut acquérir sur ce sujet. — Pour y parer, je
recommande de ne jamais opérer seul d'hypnotiseur à hypnotisé, mais de le faire en public, soit
en présence d'un tiers autorisé, mari, parent, etc.

En suivant strictement cette recommandation,
le sujet se trouvera à l'abri de toute tentative
n'ayant pas pour but son soulagement ou l'intérêt
de la science, et de son côté, le praticien n'aura à
craindre aucun soupçon ni aucune supposition
malveillante.

Il est vrai qu'un individu pervers pourra toujours abuser du pouvoir qu'il aura acquis sur sa
victime; mais nous ne pouvons pas, non plus,
empêcher un vaurien de faire servir à empoison-
ner les gens, les substances que le médecin
emploie pour guérir.

D'ailleurs les personnes qui ont, pour entrer en
hypnotisme une aptitude dont le premier venu le
sachant, pourrait profiter dans un but criminel,
peuvent s'en garantir d'une façon qui réussit toujours ; il suffit de leur *suggérer*, à l'état de somnambulisme (troisième phase), que pendant un
temps convenu, personne ne pourra les endormir,
en précisant, au besoin, avec leur consentement,
les personnes auxquelles on veut conserver la
faculté de les magnétiser.

Grâce à cette prudente précaution toutes tenta-
tives restent vaines.

La suggestion hypnotique, envisagée seulement
au point de vue thérapeutique, loin de constituer

9

un danger, est appelée au contraire à rendre d'inestimables services.

Comme conclusion, qu'il me soit permis de donner un conseil au lecteur :

Il est prudent de ne pas perdre de vue que le magnétisme ne doit pas être considéré comme un passe-temps, mais comme moyen de guérir des personnes qui souffrent ; on ne doit pas se livrer à des expériences magnétiques comme on ferait des tours de physique amusante ; car tout ce qui frappe l'esprit, tout ce qui impressionne fortement l'imagination, favorise singulièrement *chez les sujets prédisposés*, l'apparition de l'hystérie.

FIN

TABLE

IMPRIMERIE A. LANIER. — AUXERRE

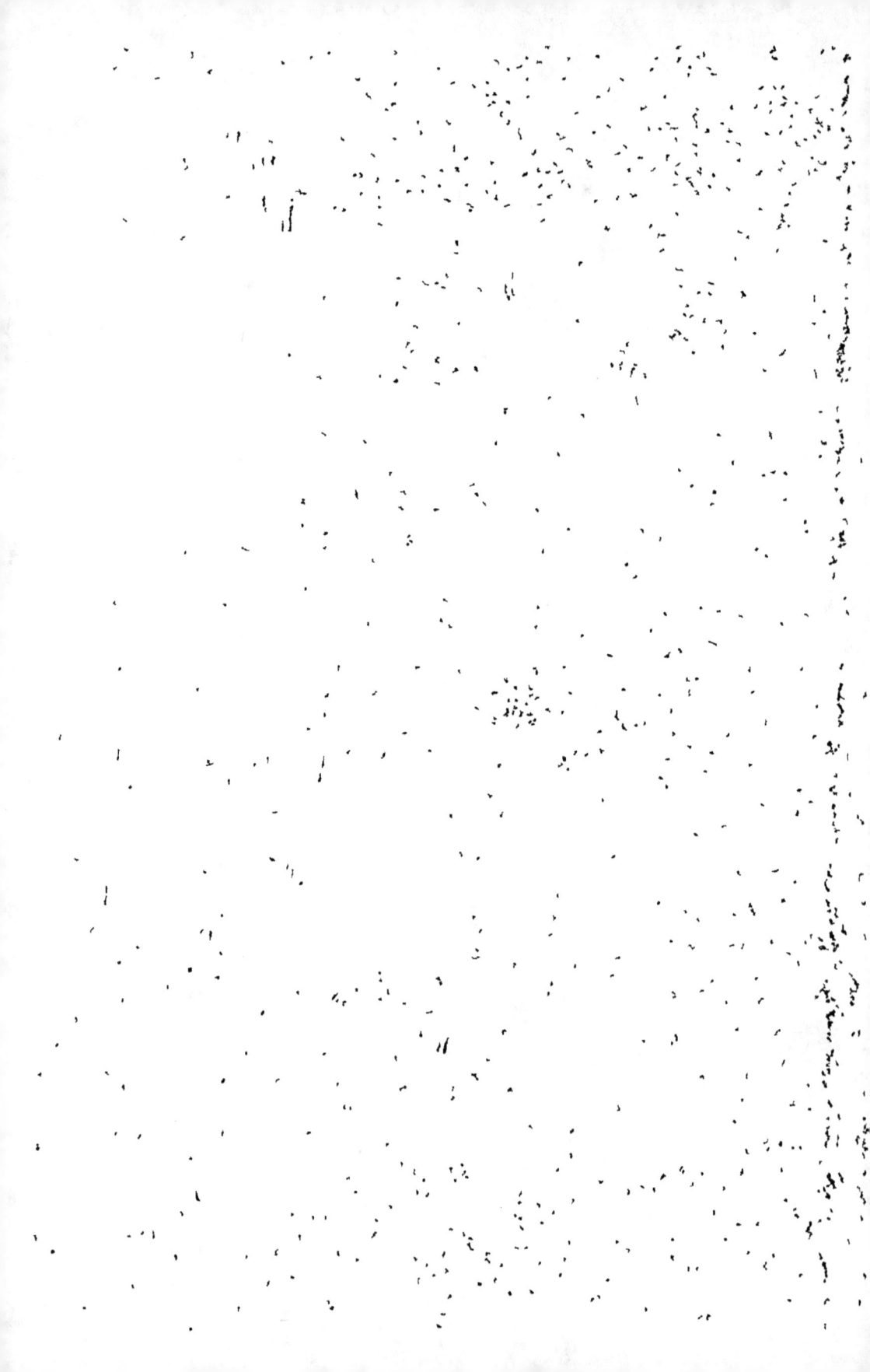

www.ingramcontent.com/pod-product-compliance
Lightning Source LLC
Chambersburg PA
CBHW052045270326
41931CB00012B/2631